어서 와,
코인은 처음이지?

암호화폐가 처음인 당신에게 꼭 필요한 이야기

어서 와, 코인은 처음이지?

김재광 지음

북카라반

차 례

| 머리말 | "코인? 나랑은 상관없는 줄 알았어요" | • 10 |

1장 — 코인? 그게 뭐야?

돈의 진화, 그리고 디지털 자산	• 13
암호화폐는 왜 생겼을까?	• 17
주식이랑 뭐가 다를까?	• 21
코인은 왜 오르고 내릴까?	• 25
코인 투자, 나도 해도 될까?	• 29

2장 — 비트코인부터 시작해볼까?

비트코인은 누가 만들었을까?	• 34
21세기 디지털 금이라는 말의 뜻	• 38
비트코인의 장점과 한계	• 42
비트코인을 사면 돈이 되는 걸까?	• 48

3장 — 블록체인, 게임처럼 이해해보자

블록체인은 뭘까? • 52

중앙은행 없이 거래하는 법 • 56

채굴이 뭐야? 코인은 어디서 나와? • 60

왜 블록체인은 해킹이 어려울까? • 64

4장 — 이더리움은 뭐가 다를까?

이더리움은 그냥 또 다른 코인? • 68

스마트 계약은 자동판매기 같은 것 • 72

NFT는 어떻게 만들어질까? • 76

디파이로 은행 없이 금융을? • 80

5장   요즘 뜨는 알트코인도 궁금해!

- 알트코인이란? · 85
- 비트코인 말고도 쓸모 있는 코인들 · 89
- 유망한 알트코인 Top 5 · 92
- 알트코인은 위험하지 않을까? · 97

6장   밈코인, 재미로 사면 안 되는 이유

- 밈코인이란? · 102
- 커뮤니티가 만든 코인의 위력 · 106
- 밈코인의 장점과 리스크 · 109
- 밈코인 투자, 해도 될까? · 113

7장   스테이블코인이 뭐야?

- 가격이 안 변하는 코인? · 117
- 대표적인 스테이블코인들 · 119
- 스테이블코인, 어떻게 발행되지? · 121

스테이블코인의 장점과 리스크	• 123
스테이블코인, 투자해도 될까?	• 125

8장 — 이제 나도 코인 사볼까?

국내 거래소와 해외 거래소 차이	• 128
업비트에서 가입하고 코인 사기	• 133
바이낸스 이용법	• 137
코인 지갑이란? 핫 월렛 vs 콜드 월렛	• 141
코인을 안전하게 보관하는 법	• 146

9장 — 사고파는 타이밍은 어떻게 정할까?

차트는 왜 봐야 할까?	• 150
봉차트, 이동평균선, RSI 쉽게 보기	• 154
손절, 익절, 분할매수란?	• 158
FOMO에 속지 않는 법	• 161

10장 　분산투자? 포트폴리오?

계란은 한 바구니에 담지 말라고?　•165
내가 투자할 수 있는 예산 정하기　•168
비트코인, 이더리움, 알트 밸런스 짜기　•171
목표 수익률과 감당할 수 있는 손실　•174

11장 　조심해야 할 사기와 리스크

절대 속지 말 것: 스캠 코인의 특징　•177
텔레그램 펌핑방, 에어드랍 사기　•180
'보내면 2배로 돌려줄게'의 진실　•182
사기 예방 체크리스트　•184

12장 　세금, 걱정되면 이것만 알자

가상자산 세금은 왜 내야 해?　•187
세금이 붙는 경우와 안 붙는 경우　•190

거래소 세금 신고 방법 • 192

해외 거래소 사용 시 유의사항 • 195

13장 앞으로 코인은 어떻게 될까?

비트코인 ETF, 기관투자자의 등장 • 197

중앙은행 디지털 화폐CBDC의 흐름 • 200

Web3와 암호화폐의 확장 • 203

내가 지금 시작해도 될까? • 206

맺는 말 아는 만큼 보이고, 준비한 만큼 지켜낼 수 있다 • 209

부록 코인 용어 사전- 처음 보는 말, 이제는 안 헷갈려! • 211

국내외 주요 거래소 비교표 • 212

코인 투자 10가지 전략 • 212

실전 투자 기록장- 나만의 코인 노트 만들기 • 213

머리말

"코인? 나랑은 상관없는 줄 알았어요"

비트코인이 처음 등장했을 때, 많은 사람이 의아해하거나 흘려들었습니다.

"가상화폐? 저게 진짜 돈이야?" "사람들이 왜 저걸 사지?" "금도 아니고, 은도 아닌데……"

그 후 몇 년 사이, 세상은 달라졌습니다. 뉴스에선 매일 코인 이야기가 쏟아지고, 지하철 광고판에는 새로운 코인 거래소가 등장하고, 친구들은 "나 요즘 코인 좀 해"라고 당연하듯 이야기합니다.

코인은 더 이상 기술자들만의 이야기, 투자 고수들만의 전유물이 아닙니다. 당신과 나, 우리 일상의 한가운데로 들어오고 있습니다. 그런데도 여전히 많은 사람이 이렇게 말합니다. "나는 너무 늦은 거 아닐까?" "무서워서 시작도 못 하겠어." "정보가 너무 어렵고 많아. 어디서부터 봐야 할지 모르겠어."

이 책은 바로 그런 당신을 위한 책입니다. 아직 한 번도 코인을 사본 적 없는 사람 하지만 언젠가는 한번 해보고 싶은 사람. 그 시작을 도와주기 위해, 이 책은 아주 쉬운 말로 쓰였습니다. 여기에는 기술 이론 대신 '이해할 수 있는 그림'을, 복잡한 투자 전략 대신 '따라할 수 있는 예시'를 담았습니다. "누구나 알기 쉽게, 하지만 결코 얕지 않게." 읽고 나면 "이제 나도 코인 좀 알 것 같아!"라고 말할 수 있도록 구성했습니다.

코인은 기술입니다. 동시에 새로운 기회의 문이기도 합니다. 그 기회는 아무나 잡는 것이 아니라, 공부한 사람에게만 보입니다. 그리고 당신은 지금 그 문 앞에 서 있는 겁니다. 지금까지는 코인을 멀리서 바라보기만 했다면, 이제는 한 발짝 다가가 볼 차례입니다.

용어 하나, 개념 하나씩 알아가며 조금씩 나만의 기준을 세우다 보면, 그토록 낯설고 복잡하던 코인 세계가 당신의 언어로 다가오게 될 겁니다. '처음'이라는 단어는 늘 낯설지만, 그만큼 가능성으로 가득한 단어이기도 합니다.

"어서 와! 코인은 처음이지?" 지금부터 천천히, 하지만 제대로 시작해 봅시다. 이 책이 당신의 첫걸음을 함께하겠습니다.

슈퍼아이콘을 만드는 멘토

"돈은 신뢰의 가장 오래된 형태다."
-유발 하라리 (역사학자)

돈의 진화, 그리고 디지털 자산
조개껍데기부터 비트코인까지, 돈은 계속 진화해 왔다

"돈이란 도대체 뭐지?"

이 책을 펼친 당신은, 아마 이런 질문을 마음속에 한 번쯤 떠올렸을 것이다. 코인을 시작하기 전에 꼭 짚고 넘어가야 하는 첫 번째 질문이기도 하다. 왜냐하면, 암호화폐는 단순한 투자 대상이 아니라 돈의 개념이 어떻게 바뀌고 있는가를 보여주는 중요한 변화의 시작점이기 때문이다.

돈의 기원: 물물교환에서 종이돈까지

먼 옛날에는 '돈'이라는 개념이 없었다. 사람들은 필요한 것을 서로 맞바꾸는 물물교환으로 생활했다. 예를 들어, 나는 고기를 잡고, 너는 쌀을 재배하면, 고기 한 덩이와 쌀 한 되를 바꾸는 식이었다. 하지만 이 방식엔 큰 불편함이 따랐다.

- 고기를 주려 해도, 상대가 고기가 필요 없으면 거래가 안 된다.
- 교환 비율이 사람마다 다르다. 누군가는 고기를 더 많이 달라고 한다.
- 물건은 썩기도 하고, 보관도 어렵다.

그래서 인류는 생각했다. "누구나 인정하는, 공통의 가치 기준을 만들자."

이때 등장한 것이 조개껍데기, 소금, 금, 은 같은 실물 자산이었다. 특히 금과 은은 희소성도 있고, 아름답고, 잘 썩지 않아서 오랫동안 화폐로 쓰였다. 이후 정부와 왕국이 생기면서 국가가 보증하는 금화, 은화, 동전이 생겨났고, 더 나아가 금 대신 종이로 약속만 하는 지폐가 등장했다. 이게 우리가 아는 '돈'의 모습이다. 지금은 어떨까? 우리는 돈을 거의 눈으로 보지 않는다. 카드를 긁고, 앱으로 송금하고, 스마트폰으로 결제한다. '눈에 보이지 않는 돈', 즉 디지털 화폐의 시대에 이미 살고있는 것이다.

디지털 시대의 돈

디지털 시대의 돈은 굉장히 편리하다. 지갑 없이도 결제가 가능하고, 버튼 하나로 해외로도 송금된다. 우리는 '돈'을 직접 보지 않아도, 그 숫자가 있다는 사실만으로 안심한다. 하지만 여기엔 아주 중요한 전제가 있다. "우리는 은행을 믿고 있다."

이처럼 모든 돈은 결국 정부와 금융기관의 신뢰 위에 존재한다. 내가 가진 은행 잔고도, 카드로 결제되는 금액도, 결국은 누군가가 "너의 계좌에 50만 원 있다"고 보증해주기 때문에 믿는 것이다. 하지만 이런 구조는 한 가지 질문을 낳는다. "만약 은행이 무너진다면, 내가 가진 돈은 정말 내 돈일까?"

탈중앙화의 시작, 암호화폐

2008년 미국에서는 대형 투자은행 리먼 브라더스가 파산하면서 전 세계 금융위기가 발생했다. 그때 사람들은 깨달았다. "은행도, 정부도 완전히 믿을 수만은 없다."

그리고 그다음 해, 정체불명의 한 개발자가 세상에 내놓은 것이 있다. 그게 바로 비트코인Bit coin이다. 비트코인은 기존 화폐와 전혀 달랐다.

- 은행 없이도, 사람끼리 바로 돈을 주고받을 수 있다.
- 거래 내용은 모두에게 공개되고, 위조나 조작이 거의 불가능하다.
- 발행량이 정해져 있어, 함부로 찍어낼 수 없다.

비트코인은 탈중앙화된 디지털 자산의 시초였다. 즉, 누군가의 허가 없이도 작동하는 '신뢰의 시스템'이 등장한 것이다.

디지털 자산 vs 암호화폐

그렇다면 디지털 자산과 암호화폐는 같은 말일까? 비슷하긴 하지만 조금 다르다. 디지털 자산은 넓은 개념이다. 게임 아이템, 마일리지, 전자화폐, 포인트 등도 디지털 자산이다. 하지만 암호화폐는 블록체인 기술을 기반으로 한 디지털 자산을 말한다. 중앙 없이 거래되고, 위조가 어렵고, 탈중앙화되어 있다는 특징이 있다. 즉, 암호화폐는 디지털 자산 중에서도 '가장 진보한 형태의 돈'인 셈이다.

미래의 화폐, 왜 중요한가?

우리가 코인을 공부해야 하는 이유는 단순히 돈을 벌기 위해서만은 아니다.

"미래의 돈은 어떻게 작동할까?", "기존 금융 시스템은 어떻게 바뀔까?, "어떻게 하면 내 자산을 안전하게 지킬 수 있을까?" 이런 질문에 답하기 위해, 우리는 암호화폐라는 새로운 '돈의 언어'를 배워야 한다.

이제 막 시작하는 당신에게 이 책은 쉽고 안전한 첫걸음이 되어줄 것이다.

> 💰 **요약 정리**
>
> - 돈은 물물교환 → 금화 → 종이화폐 → 디지털 화폐 → 암호화폐로 진화해왔다.
> - 우리는 이미 디지털 화폐 시대에 살고 있으며, 정부 중심의 금융 시스템을 기반으로 한다.
> - 암호화폐는 중앙 없이도 작동하는 신뢰 시스템으로, 새로운 형태의 자산이다.
> - 코인을 이해한다는 건, 단순히 수익을 내는 걸 넘어서 미래의 경제를 읽는 힘을 갖는 것이다.

따라 해보기

1. 나는 지금 어떤 형태의 돈을 가장 자주 쓰고 있을까?(현금/카드/간편결제/코인)
2. 정부나 은행 없이 거래하는 시스템에 대해 어떻게 느끼는가?
3. 암호화폐는 '돈'이라고 생각하는가, '투자상품'이라고 생각하는가? 둘 다일 수도 있다.

암호화폐는 왜 생겼을까?
중앙 없이 신뢰를 만드는 새로운 '돈'의 실험

2008년 미국의 대형 투자은행인 리먼 브라더스가 파산했다. 이 사건은 단순한 기업 하나의 붕괴가 아니었다. 전 세계 금융시장을 뒤흔든 대형 위기의 시작이었다. 주가가 폭락하고, 은행들이 줄줄이 문을 닫고, 사람들의 돈은 순식간에 증발했다. 이때 사람들은 충격을 받았다. "우리가 맡긴 돈이 사라질 수도 있다고?" "은행이 망하면 내 돈은 어떻게 되는 거야?"

그동안 우리는 은행과 정부를 믿고 돈을 맡겼다. 하지만 그 신뢰가 무너지자, 세상은 혼란에 빠졌다.

한 장의 선언문

바로 그 직후인 2008년 10월 31일. 한 장의 문서가 인터넷에 조용히 올라왔다. 사토시 나카모토Satoshi Nakamoto란 이가 쓴 글의 제목은 이랬다. 〈비트코인: 중앙기관 없이 작동하는 전자화폐 시스템〉

그 문서에는 새로운 세상의 설계도가 담겨 있었다. 은행이나 정부 없이도 사람끼리 안전하게 돈을 주고받을 수 있는 방법. 그 핵심은 '블록체인'이라는 새로운 기술이었고, 그 결과물이 바로 '비트코인'이었다.

신뢰를 재설계한 기술

기존의 금융 시스템은 이렇게 작동한다.

- A가 B에게 돈을 보낸다.
- 은행이 그 거래를 확인하고, 기록한다.
- 은행이 "맞아요, 이 거래 유효합니다"라고 인증한다.

즉, 모든 거래는 중앙기관의 중개를 전제로 한다. 하지만 비트코인은 전혀 다르다.

- A가 B에게 비트코인을 보낸다.
- 이 거래는 전 세계 수천 개 컴퓨터에 똑같이 기록된다.
- 누구도 이 기록을 조작할 수 없다.
- 중앙기관 없이도, 모두가 서로를 감시하며 신뢰가 자동으로 유지된다.

이것이 '탈중앙화된 시스템', 그리고 '블록체인'의 핵심이다.

왜 이런 시스템이 필요했을까?

우리가 평소에 의심하지 않는 것들이 있다. 예를 들어, "은행에 돈을 맡기면 언제든 꺼낼 수 있을 거야". "정부는 내 자산을 보호해줄 거야", "카드 결제는 안전할 거야" 같은 믿음이 우리 사회, 특히 경제생활의 토대가 된다.

하지만 2008년의 금융위기는 그 모든 믿음에 의문을 던졌다. 그리고 또 하나의 큰 이유는 바로 프라이버시였다. 기존 금융 시스템은 다음과 같은 특징이 있다.

- 내 돈이 어디에 있는지, 어떻게 쓰는지 모두 추적된다.
- 해외로 송금할 때는 높은 수수료와 긴 시간이 걸린다.
- 은행이 마음대로 계좌를 막을 수도 있다.

그런데 시간이 흐르면서 사람들은 이런 의문이 생기기 시작했다. "왜 내 돈인데, 내가 마음대로 쓰지 못하지?", "누구의 허락 없이, 자유롭게 돈을 보내는 방법은 없을까?"

그 답이 암호화폐였다. 암호화폐는 프로그래밍된 신뢰를 통해, 정부나 은행 없이도 거래가 가능한 시스템을 만들어냈다.

비트코인의 구조

비트코인은 단순한 디지털 파일이 아니다. 그 안에는 철저한 계산과 암호 기술이 들어 있다.

- 거래는 모두 블록이라는 단위로 묶인다.
- 그 블록은 체인처럼 연결되어 시간순으로 기록된다.

- 이 기록은 전 세계 컴퓨터에 동시에 저장된다.
- 누구도 마음대로 삭제하거나 수정할 수 없다.

그래서 '블록체인Blockchain'이라는 이름이 붙었다. 즉, 신뢰를 중앙이 아닌 '네트워크 전체'가 책임지는 구조다.

사토시 나카모토는 누구일까?

비트코인을 만든 사람(또는 그룹)은 '사토시 나카모토'라는 가명을 썼다. 지금까지도 그가 누구인지는 아무도 모른다. 하지만 중요한 건 그가 남긴 코드와 철학이다.

"중앙은행이 화폐를 무한히 찍어낼 수 있는 세상에서 우리는 디지털 금을 만들 것이다."

이 한마디는 지금도 많은 투자자의 가슴에 새겨져 있다.

이 새로운 '돈', 암호화폐의 핵심 가치는 다음 세 가지다.

① 탈중앙화Decentralization
  ➡ 정부나 은행 없이도 작동하는 시스템

② 투명성Transparency
  ➡ 모든 거래 기록이 블록체인에 공개됨

③ 검열 불가능성Censorship Resistance
  ➡ 누구도 당신의 거래를 막을 수 없음

이 세 가지는 기존의 금융 시스템에서는 거의 불가능했던 특징이다. 그래서 암호화폐는 단순한 '코인'이 아니라 금융 시스템의 대안이자 혁신으로 주목받게 되었다.

요약 정리

- 암호화폐는 2008년 금융위기 이후, 기존 시스템에 대한 불신에서 시작되었다.
- 블록체인을 기반으로 하여, 신뢰를 재설계한 시스템이다.
- 정부나 은행의 허락 없이도, 안전하게 자산을 보낼 수 있다.
- 암호화폐의 탄생은 단순한 기술 혁신이 아닌 경제철학의 혁명이다.

따라 해보기

1. 지금 내 자산이 어느 기관에 맡겨져 있는가?(은행/증권사/핀테크 앱 등)
2. 만약 은행 시스템이 3일간 정지된다면, 나는 어떤 불편을 겪을까?
3. '정부 없이도 신뢰가 가능한 시스템'이 현실적으로 가능하다고 생각하는가?

주식이랑 뭐가 다를까?
회사에 투자하는 주식, 네트워크에 참여하는 코인

"그냥 주식처럼 사서 오르면 파는 거 아니야?", "비트코인이랑 주식이랑 뭐가 그렇게 달라?"

코인을 처음 접한 사람이라면 한 번쯤 해봤을 질문일 것이다. 맞다. 표

면적으로 보면 암호화폐도 주식처럼 가격이 오르내리고, 거래소를 통해 사고팔 수 있다. 하지만 그 속을 들여다보면, 비트코인과 주식은 본질부터 완전히 다르다.

소유의 대상: 회사 vs 시스템

주식은 '회사'의 일부를 사는 것이다. 삼성전자 주식을 한 주 샀다는 건, 삼성전자라는 회사의 가치를 아주 조금 가졌다는 뜻이다. 그 회사가 돈을 많이 벌면, 내 주식 가격도 오른다. 때로는 배당금이라는 보너스를 받기도 한다. 반면에 비트코인은 어떤 회사의 지분이 아니다. 비트코인은 그 자체가 디지털 자산, 즉 일종의 디지털 금이다. 누구의 소유도 아니고, 특정 기업이 운영하는 것도 아니다.

정리하자면 이렇다.

- 주식: 기업의 지분을 사는 것
- 코인: 탈중앙 네트워크의 자산을 사는 것

발행 구조: 무제한 vs 제한

주식은 회사가 필요할 때 더 발행할 수 있다. 신주 발행을 통해 자금을 더 모을 수도 있고, 기업 합병이나 인수 시에 새로 주식을 찍어낼 수도 있다. 즉, 발행량이 변동 가능하다. 반면 비트코인은 설계 단계에서부터 총 발행량이 2,100만 개로 고정되어 있다. 아무도 이 숫자를 바꿀 수 없으며, 이미 절반 이상은 채굴됐다. 이는 비트코인을 디지털 금이라 부르는 이유 중 하나다. 희소성이 있기 때문이다.

거래 시간: 09시~15시 vs 24시간

주식시장은 은행처럼 영업시간이 정해져 있다. 한국 코스피 기준, 오전 9시부터 오후 3시 30분까지만 거래할 수 있다. 주말과 공휴일엔 쉴 수도 있다. 하지만 암호화폐 시장은 365일 24시간 전 세계에서 실시간으로 돌아간다. 자정에도, 새벽 4시에도, 일요일 밤에도 비트코인을 사고팔 수 있다. 그래서 암호화폐 투자는 시간적 자유도는 높지만, 그만큼 멘탈 관리도 중요하다.

규제와 보안: 중앙 vs 분산

주식은 금융 당국의 철저한 규제 아래 있다. 회사는 실적을 공시해야 하고, 내부자 거래, 시세 조종 등은 처벌을 받는다. 또 증권사는 예탁원, 금융감독원 등 여러 기관의 감시를 받는다. 반면 암호화폐는 아직 제도권의 테두리 바깥에 있다. 일부 나라는 코인을 불법으로 규정하기도 하고, 어떤 나라는 오히려 적극 수용하고 있다. 즉, 암호화폐는 여전히 규제 불확실성이 크기에 투자자가 관련 정보에 더 많은 주의를 기울여야 하는 시장이다.

가격의 원동력: 실적 vs 수요

주식의 가치는 결국 그 회사가 얼마나 돈을 잘 버느냐에 달려 있다. 매출, 영업이익, 신제품 발표, 배당 정책 등 '펀더멘털'이라고 부르는 실적과 전망이 주가에 영향을 준다. 반면 비트코인 등 암호화폐는 '실적'과는 관련이 없다. 그 자체로 돈을 벌지도, 사업을 하지도 않는다. 그럼에도 불구하고 가격이 오르고 내리는 이유는 단 하나. "사려는 사람이 많으면 오르고, 팔려는 사람이 많으면 내린다." 즉, 수요와 공급, 그리고 투자자들의 심리가 가격을 결정하는 것이다.

주식과 비트코인 특성 비교

구분	주식	비트코인(코인)
본질	기업의 지분	디지털 자산
운영 주체	회사, 정부	탈중앙 네트워크
발행량	유동적	2,100만 개 고정
거래 시간	평일 9~15시	365일 24시간
규제 주체	금융 당국	국가마다 다름
가격 결정	기업 실적 중심	수요·공급 중심

그래서 뭘 선택해야 할까?

많은 사람이 묻는다. "그럼 주식이 더 안전한 건가요? 코인은 위험한가요?"

사실 정답은 없다. 주식은 안정적이고 제도화된 시장이지만, 코인은 기회와 변동성이 큰 시장이다. 중요한 건, 내가 무엇을 사고 있는지를 정확히 이해하고, 나에게 맞는 투자 스타일을 찾는 것이다. 누구는 장기투자를 선호하고, 누구는 트레이딩을 좋아한다. 누구는 안정성을 추구하고, 누구는 성장성을 믿는다. 이 책에서는 그 모든 관점에서 암호화폐라는 시장을 제대로 바라보고, 나만의 방식으로 투자할 수 있도록 안내할 것이다.

> **요약 정리**
> - 주식은 회사의 소유권, 코인은 블록체인 네트워크에서 쓰이는 디지털 자산이다.
> - 주식은 실적, 배당, 기업가치에 따라 움직이고, 코인은 수요와 공급, 기술력, 커뮤니티에 따라 가격이 달라진다.
> - 주식은 기업의 실체가 있는 반면, 일부 코인은 실체 없이도 가격이 움직일 수 있어 변동성이 더 크고 리스크도 많다.
> - 코인은 24시간 365일 거래되며, 국경 없이 글로벌하게 투자할 수 있는 장점이 있다.
> - 주식과 코인, 각각의 특성을 잘 이해하고 자신의 투자 성향에 맞게 접근하는 것이 중요하다.

따라 해보기

1. 나는 지금 주식에 투자하고 있는가? 있다면 어떤 이유로?
2. 코인 시장의 24시간 운영, 나에게 맞을까?
3. 실적 기반의 자산과 수요 기반의 자산 중, 나는 어떤 구조를 더 잘 이해하고 있나?

코인은 왜 오르고 내릴까?
수요와 기대감이 가격을 춤추게 한다

비트코인이 10퍼센트 넘게 올랐다는 뉴스를 보면 설레고, 반대로 폭락했다는 기사를 보면 식은땀이 난다. 코인은 왜 이렇게 가격이 오르락내리락하는 걸까? 주식도 오르고 내리지만, 코인 시장은 훨씬 더 격렬하고 예측하기 어렵다. 단 하루 만에 전날 대비 20~30퍼센트가 움직이기도 하고, 밤새 잠든 사이에 반토막이 나는 일도 있다.

"왜 이럴까?" 그 질문에 답을 찾는 것이, 안전하고 현명한 코인 투자의 시작이다.

코인의 가격은 누가 정할까?

많은 사람이 "코인의 가격은 누가 정하나요?"라고 묻는다. 사실 가격을 정하는 '사람'은 없다. 시장에서 사는 사람과 파는 사람의 수요와 공급이 가격을 만들 따름이다. 원리는 아주 간단하다. 사려는 사람이 많으면 가격이 오르고, 팔려는 사람이 많으면 가격이 떨어진다. 예를 들어, 누군가가 비트코인을 100만 원어치 사려고 한다면, 그 수요에 따라 비트코인의 시세가 점점 올라간다. 반대로 갑자기 많은 사람이 한꺼번에 팔려고 하면, 가격은 순식간에 떨어진다.

거래소가 다르면 가격도 다르다?

코인의 재미있는 점은, 같은 코인이라도 거래소마다 가격이 다르다는 것이다. 예를 들어, 업비트에선 비트코인이 6,900만 원인데 바이낸스에선 6,800만 원일 수 있다. 이건 거래소마다 수요와 공급이 다르기 때문이다. '김치 프리미엄'이라는 말도 여기서 나온다. 한국 시장에서 특히 코인 가격이 높게 형성되는 현상을 가리키는 말이다. 그만큼 시장 심리와 지역별 흐름이 가격에 큰 영향을 준다.

가격에 영향을 주는 5가지 요인

그럼 코인 가격을 크게 움직이는 건 뭐가 있을까? 다섯 가지 핵심 요소를 정리해보자.

① 뉴스와 이슈
- "미국 ETF 승인!"→가격 급등
- "해킹 발생!"→가격 급락
- "SEC가 규제 강화!"→시장 전체 하락
  ☞ 암호화폐 시장은 뉴스에 민감하다. 특히 트위터(X)나 유튜브의 영향력이 크다. 큰 손(고래)의 한 마디, 유명 인플루언서의 발언 하나로 수많은 개인 투자자들이 움직인다.

② 투자자의 심리
- 가격이 오르면 더 오를 것 같고
- 가격이 내리면 더 내릴 것 같다.
  ☞ 이걸 FOMO Fear Of Missing Out(놓칠까 봐 불안한 심리)와 FUD Fear, Uncertainty, Doubt(공포와 불확실성과 의심)로 인한 거래라고 부른다. 이 심리들이 과열 장과 패닉 장을 만든다.

③ 비트코인의 흐름

대부분의 코인은 비트코인과 함께 움직인다. 비트코인이 오르면 이더리움, 솔라나, 리플 등 다른 코인도 같이 오르고 비트코인이 내리면 시장 전체가 흔들린다.
  ☞ 그래서 코인 투자자들은 항상 '비트코인 차트'를 먼저 본다.

④ 유통량과 희소성
- 총 발행량이 적은 코인은 희소성이 있다.
- 채굴량이 줄어들면 공급이 줄고 가격은 오를 수 있다.
- ☞ 대표적인 예가 비트코인 반감기Halving이다. 4년마다 채굴 보상이 절반으로 줄어 공급이 줄기 때문에 역사적으로는 반감기 전후로 가격 상승이 있었다.

⑤ 고래(큰손)들의 움직임
예를 들면 비트코인을 수천 개 보유한 주소가 있는데 이들이 대량 매도하면 시장이 급락한다. 반대로 대량 매수하면 단기 상승장이 연출되기도 한다.
- ☞ 그래서 온체인 데이터 분석(지갑 주소 추적)이 점점 중요해지고 있다.

변동성이 크다는 것은?
코인의 큰 특징은 변동성Volatility이다. 하루에도 수십 퍼센트가 오르내리는 시장. 그만큼 기회도 크지만, 위험도 크다.

- 주식은 한 달에 5퍼센트 오르면 많이 오른 거다.
- 코인은 하루 만에 20퍼센트 오르기도 하고, 그만큼 떨어지기도 한다.
- ☞ 그렇기 때문에 '조급함'과 '욕심'이 가장 위험한 투자 태도다. 안정적으로 투자하려면 분할 매수·매도, 그리고 손절 기준을 정해 두는 습관이 필요하다.

요약 정리

- 코인의 가격은 수요와 공급, 심리, 뉴스, 고래의 움직임 등으로 결정된다.
- 같은 코인이라도 거래소마다 가격이 다를 수 있다.
- 가격이 오르고 내리는 이유를 모르면 내 돈이 왜 줄었는지도 알 수 없다.
- '오르면 사고, 내리면 파는' 투자는 절대 금물.
- 이성적인 기준과 분석이 없다면, 코인은 도박이 될 수 있다.

따라 해보기

1. 최근 한 달 동안 가장 크게 움직인 코인은 어떤 것이었을까?
2. 그 코인의 가격 변동 이유를 뉴스 검색으로 찾아보자.
3. 앞으로 내가 투자할 땐, '왜 지금 오르거나 내리는지'를 한 줄로 정리해 보자.

코인 투자, 나도 해도 될까?
겁내지 말고, 제대로 알고 시작하자!

비트코인, 이더리움, 도지코인, 그리고 요즘은 밈코인까지. 뉴스에서는 매일같이 코인 이야기가 쏟아진다. 누군가는 코인으로 벼락부자가 되었다 하고, 또 누군가는 한순간에 전 재산을 잃었다고도 한다. 그럴수록 마음속엔 이런 생각이 맴돈다. "코인 투자, 나도 해볼까?", "지금 들어가도 늦지 않았을까?", "내가 해도 될까……아니면 그냥 구경만 할까?"

그 질문에 답하기 위해, 먼저 생각해봐야 할 몇 가지가 있다.

코인은 단순한 유행이 아니다

우리가 스마트폰을 처음 접했을 때, 처음엔 "이게 뭐야? 전화도 힘든데……" 싶었지만 지금은 스마트폰 없는 삶을 상상하기 힘들다. 코인도 비슷하다. 처음엔 낯설고 복잡하지만, 암호화폐는 단순한 '돈벌이 수단'이 아니라, 미래 금융시스템의 변화 그 자체다.

- 중앙은행이 발행하는 디지털 화폐CBDC도 이미 준비 중
- 월가(미국 기관투자자)도 비트코인 ETF를 통해 본격 진입
- '지갑'과 '토큰'은 점점 우리 일상에 들어오고 있다.

즉, 코인 투자는 단기 시세차익을 노리는 투기만이 아니라 새로운 자산 시장에 대한 학습과 적응 과정이기도 하다.

나에게 코인은 '뭔가' 부터 정의하자

누구에게는 코인이 '로또'고, 누구에게는 '재테크 수단'이며, 누구에게는 '기술혁신에 투자하는 방식'이다. 그래서 스스로에게 물어봐야 한다.

- 나는 왜 코인에 관심이 생겼지?
- 단기간에 돈을 벌고 싶은 걸까?
- 아니면 장기적으로 자산을 분산하고 싶은 걸까?
- 투기? 투자? 기술 이해? 호기심?

  ☞ 코인 투자는 정답이 있는 게임이 아니다. 중요한 건, 나만의 기준과 태도를 명확히 정하는 것이다.

이런 사람이라면 '조심'이 필요하다

⊘ 무작정 남 따라 하는 사람
"친구가 샀다길래 나도 따라 샀다"→ 이런 투자는 위험하다. 시세는 이미 반영돼 있고, 내가 들어가면 늦을 수 있다.

⊘ 단기 수익에만 집착하는 사람
"하루에 10퍼센트만 벌자!"→ 이 생각은 결국 손실로 돌아올 가능성이 크다. 욕심은 흔들림을 낳고, 흔들림은 패닉 셀panic sell(공황매도)을 부른다.

⊘ 여유자금이 아닌 생활비로 투자하려는 사람
"월세 내야 하는데, 이번 달은 코인으로 벌어보자"→ 절대 금물. 생활이 무너지면 멘탈이 흔들리고, 판단력이 사라진다.

이런 사람이라면 시작해도 좋다

⊘ 차근차근 공부해보고 싶은 사람
코인의 원리부터 기술, 생태계, 리스크까지 배우려는 사람에게는 이 시장은 매우 훌륭한 경제 수업장이 된다.

⊘ 포트폴리오를 분산하려는 사람
주식, 예금, 금, 부동산 등 다양한 자산 중 하나로 비트코인이나 이더리움을 소액 편입하는 건 리스크 관리 측면에서도 유효한 전략이다.

⊘ 여유 자금으로만 투자할 수 있는 사람
잃어도 괜찮은 돈, 즉 '심장이 덜 떨리는 돈'으로 시작하면 가격 변동에 휘둘리지 않고 장기적 안목을 가질 수 있다.

지금 해도 될까?

"지금이 고점일까? 기다려야 하나?" "폭락하면 어떡하지?"

이런 고민은 코인을 시작하려는 사람이라면 누구나 갖는다. 하지만 시점을 맞추는 건 전문가도 힘들다.

그보다 더 중요한 건, "어떻게 시작하고, 얼마나 공부하며, 어떤 기준으로 판단할 것인가?"이다. 코인은 급등도, 폭락도 있을 수 있다. 하지만 그 안에서 배우고, 익히고, 내 기준을 세운다면 그 자체로 큰 자산이 된다.

코인 투자 시작 전 체크 리스트

항목	체크 여부
여유 자금으로만 투자할 수 있다	☐ YES / ☐ NO
하루 단위 수익보다, 장기 흐름을 보고 있다	☐ YES / ☐ NO
한 종목에 몰빵하지 않는다	☐ YES / ☐ NO
감정에 휘둘리지 않고, 기준에 따라 움직일 수 있다	☐ YES / ☐ NO
코인 관련 뉴스를 스스로 찾아보고 있다	☐ YES / ☐ NO

* 긍정적 답이 많을수록, 코인 투자에 대한 준비가 잘 되어 있다는 뜻이다.

💰 요약 정리

- 코인은 단순한 유행이 아니라, 미래 자산의 진화 과정이다.
- 중요한 건 남들이 하는 이유가 아니라, '내가 왜 하려는가'이다.
- 조급함, 따라 하기, 무계획 투자는 큰 손실로 이어질 수 있다.
- 스스로 공부하고, 기준을 세우고, 여유 자금으로 시작하면 지금이라도 늦지 않았다.

 따라 해보기

1. '코인' 하면 나는 어떤 이미지가 떠오르는가?(위험? 기회? 신기한 기술?)
2. 나는 지금 어떤 이유로 코인에 관심이 생겼는가?
3. 지금 내 자산 중, 여유 자금으로 편입할 수 있는 비율은 몇 퍼센트인가?

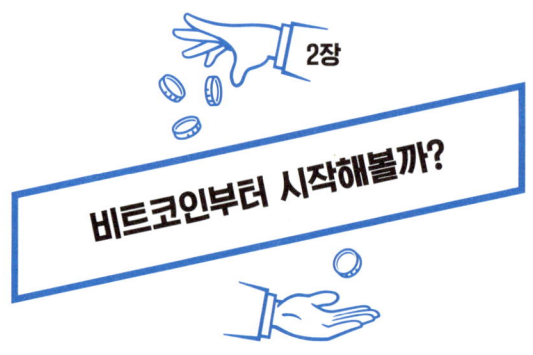

"시장은 감정으로 움직이고, 논리로 정당화된다."
–존 메이너드 케인스 (경제학자)

비트코인은 누가 만들었을까?
'사라진 창시자' 사토시 나카모토

모든 것에는 시작이 있다. 전 세계를 뒤흔든 코인 시장도, 사실은 단 하나의 논문에서 시작되었다. 2008년 10월 31일. 할로윈 데이, 누군가가 인터넷의 암호학 메일링 리스트에 PDF 파일 하나를 올린다. 제목은 이랬다. "비트코인: 중앙기관 없이 작동하는 전자화폐 시스템Bitcoin: A Peer-to-Peer Electronic Cash System"—Satoshi Nakamoto

그 글은 조용히 시작됐지만, 이후 10년 넘게 전 세계의 금융·정치·기술·경제를 모두 뒤흔들 작은 혁명이었다.

사토시 나카모토, 그는 누구인가?

비트코인을 만든 사람은 사토시 나카모토라는 가명을 사용했다. 그가 남긴 글은 매우 논리적이고 정교했으며, 수학과 컴퓨터, 금융에 모두 정통한 사람임이 분명했다. 그는 오랫동안 개발자들과 이메일로 소통했고, 비트코인의 초기 코드를 직접 개발하며 시스템을 안정화했다. 하지만 2010년 어느 날, 그는 이렇게 말하고 조용히 사라졌다.

"이제 나는 더 이상 여기에 개입하지 않겠습니다."

"비트코인은 잘 작동하고 있고, 다른 사람들이 이어서 발전시켜줄 것입니다."

그 뒤로 사토시는 나타나지 않았다. 그가 누구였는지는 지금까지도 아무도 모른다.

왜 이름을 숨겼을까?

사토시가 이름을 숨긴 이유에 대해선 여러 추측이 있다. 비트코인은 기존의 금융 질서에 도전하는 기술이었다. 정부나 금융기관의 견제를 피하려 했다는 해석이 있다. 비트코인은 '누구에게도 소속되지 않는' 시스템을 지향했다. 만약 창시자가 영향력을 행사하면, 진정한 탈중앙이 아니게 된다. 그래서 스스로 사라짐으로써 완벽한 중립을 지킨 것이라는 해석도 있다. 더불어너무나 정교하고 광범위한 시스템을 단 한 사람이 만들긴 어렵다는 의견도 있다. 실제로는 복수의 개발자 집단일 가능성도 존재한다.

비트코인은 왜 만들어졌을까?

사토시는 자신의 논문에서 이렇게 말한다.

"신뢰할 수 있는 제3자를 거치지 않고, 개인 간(P2P) 거래가 가능한 전자화폐 시스템이 필요하다."

이는 기존 금융 시스템에 대한 문제의식에서 출발한 것이다. 특히 2008년 금융위기 당시, 정부와 은행의 실수로 수많은 사람이 자산을 잃었다. 그 누구도 책임지지 않았고, 그 시스템은 그대로 유지됐다. 이에 사토시는 생각했다. "신뢰는 사람에게 맡길 수 없다. 이제 신뢰는 수학과 기술이 담당해야 한다."

그 철학이 비트코인의 구조에 그대로 반영됐다. 비트코인은 중앙정부, 은행, 기업, 누구도 통제할 수 없는 완전한 탈중앙 시스템을 목표로 만들어졌다.

비트코인의 설계 철학

항목	내용
발행 총량	최대 2,100만 개로 고정
발행 주체	중앙은행 없음(채굴로 분산 발행)
거래 방식	P2P(개인 간) 전송, 제3자 불필요
기록 방식	블록체인에 모든 거래가 영구 저장
보안 방식	해시 암호화 + 작업 증명(PoW)
통제 주체	없음(오픈소스, 전 세계 네트워크)

신화가 된 창시자

비트코인 초기에 채굴된 수많은 블록은 사토시가 만든 지갑 주소에 보관돼 있다. 현재 기준으로 약 100만 개 이상의 비트코인이 그 지갑에 잠들어 있다(2025년 기준 시가로는 수십조 원에 달한다). 놀랍게도, 그중 단 한 개도 지금까지 이동된 적이 없다. 그는 기술만 남기고, 돈도, 명예도, 영향력도 누리지 않은 채 그냥 사라졌다. 사토시는 더 이상 존재하지 않지만, 그의 존재는 여전히 살아 있다. 많은 코인 프로젝트들이 "우리도 사토시처럼 탈중앙화된 철학을 지향한다"고 말한다. 그리고 투자자들은 때때로 비트코인의 가격보다 그 안에 담긴 철학과 정신에 더 큰 가치를 둔다.

> **요약 정리**
>
> - 비트코인은 2008년, '사토시 나카모토'라는 가명의 개발자가 만들었다.
> - 그는 비트코인을 만들고, 초기에 안정화한 뒤 사라졌다.
> - 비트코인은 금융 시스템에 대한 문제의식에서 출발했다.
> - 중앙 없이, 누구나 자유롭게 사용할 수 있는 새로운 '디지털 돈'을 만들고자 했다.
> - 사토시는 100만 개 이상의 비트코인을 보유했지만, 지금까지 단 한 개도 쓰지 않았다.
> - 그는 이익보다 철학을 남긴 창시자로 남아 있다.

따라 해보기

1. '사토시 나카모토'라는 이름을 처음 들었을 때 어떤 느낌이 들었나?
2. 내가 비트코인을 만든다면, 어떤 문제를 해결하고 싶을까?
3. 기술이 '신뢰'를 대신할 수 있다고 생각하나?

21세기 디지털 금이라는 말의 뜻
왜 비트코인을 '디지털 골드'라고 부를까?

"비트코인은 21세기의 디지털 금이다."
뉴스나 유튜브에서 이런 표현을 한 번쯤은 들어봤을 것이다. 그런데 가만히 생각해보면 좀 이상하다.
"금은 반짝이는 물건이고, 비트코인은 인터넷 숫자잖아?"
그런데도 전 세계 많은 투자자, 심지어 기관 투자자들까지 비트코인을 '디지털 골드'로 부르며 자산의 일부로 편입하고 있다. 대체 이 말에는 어떤 의미가 담겨 있을까? 우선 '금'에 대해 다시 생각해보자. 금은 오랜 역사 속에서 사람들이 '가장 안전하게 믿을 수 있는 자산'으로 여겨온 물질이다.

- 눈에 보이고 손에 잡히는 실물
- 녹슬지 않고 썩지 않으며, 오래 보관 가능
- 지구상에 존재하는 양이 한정되어 있어 희소성 보장
- 화폐가치가 무너질 때도 그 자체로 가치 유지

그래서 위기가 닥칠 때마다 사람들은 '금'을 찾는다. 인플레이션이 오면 금값이 오른다는 말도 이 때문이다. 정부가 돈을 찍어내면 화폐가치는 떨어지지만, 금은 찍어낼 수 없기 때문이다. 즉, 금은 '돈'이라기보다 '돈의 가치가 무너질 때 나를 지켜줄 자산'이다. 이걸 '가치 저장 수단 Store of Value'이라고 부른다.

비트코인이 금과 닮은 점

이제 비트코인을 보자. 금처럼 반짝이지도 않고, 손에 잡히지도 않지만 놀랍도록 많은 공통점이 있다.

금과 비트코인 특성 비교

항목	금Gold	비트코인Bitcoin
발행량	제한적 (채굴)	2,100만 개로 고정
위조 가능성	매우 낮음	사실상 불가능
중앙 통제 여부	없음	없음
실물 존재	있음	없음 (디지털)
이동성	무겁고 운반 어려움	빠르게 전송 가능
저장 방식	금고, 금괴	지갑(월렛), USB, 앱 등

비트코인은 탈중앙화되고 희소하며, 위조가 불가능하고, 시간과 공간을 초월해 전송 가능한 자산이다. 게다가 어느 정부도 마음대로 통제하거나 발행할 수 없다. 이런 점에서 사람들은 비트코인을 '디지털 시대의 금', 즉 디지털 골드Digital Gold라고 부르게 되었다.

희소성은 왜 중요한가?

비트코인이 '디지털 금'으로 불릴 수 있는 가장 핵심 이유는 바로 희소성이다. 금은 땅속에 묻혀 있고, 채굴에는 비용과 시간이 든다. 비트코인도 쉽게 만들어지지 않는다. 총 발행량은 2,100만 개로 고정되어 있고, 4년마다 채굴량이 절반으로 줄어드는 '반감기'가 있다. 예를 들어, 연도별 채굴량은 다음 표와 같다.

주식과 비트코인 특성 비교

연도	1블록당 채굴 보상	연간 발행량
2009년	50 BTC	약 262,800개
2012년	25 BTC	약 131,400개
2016년	12.5 BTC	약 65,700개
2020년	6.25 BTC	약 32,850개
2024년	3.125 BTC	약 16,425개
2028년	1.5625 BTC	약 8,212개
2032년	0.78125 BTC	약 4,106개
2036년	0.390625 BTC	약 2,053개
2040년	0.1953125 BTC	약 1,026개

이처럼 시간이 흐를수록 새로 나오는 비트코인의 양은 줄어든다. 수요는 많아지는데 공급은 줄어드니, 희소성은 더 커질 수밖에 없다. 이 점에서 비트코인은 디지털 자산 중에서도 금과 가장 유사한 구조를 갖는다.

위기 속에서 다시 주목받는 이유

2020년 코로나19 팬데믹 당시, 세계 각국은 경기 부양을 위해 천문학적인 돈을 찍어냈다. 미국만 해도 몇 달 사이에 수천조 원이 넘는 돈이 시장에 풀렸다. 그 결과, 돈의 가치는 떨어졌고(인플레이션), 자산 가격은 급등했다. 이에 사람들은 '정부가 만든 돈'을 의심하기 시작했다. 그러자 투자자들은 금과 함께 비트코인을 '인플레이션 회피 자산hedge'으로 인식

하기 시작했다. 그리고 비트코인은 실제로 2020~2021년 사이에 역대 최고가를 기록했다.

디지털 시대에 더 적합한 자산?

금은 안전하지만, 무겁고 옮기기 어려우며 거래도 복잡하다. 디지털 시대엔 빠르고 투명한 가치 저장 수단이 더 중요해지고 있다. 비트코인은 어떨까?

- 휴대폰 하나만 있어도 지갑이 된다
- 지구 반대편으로 1분 만에 전송 가능
- 자산 전체를 USB 하나에 담을 수 있다
- 청년, 개발자, 글로벌 투자자 모두가 접근 가능

즉, 금이 '보관용 자산'이라면 비트코인은 '이동 가능한 자산'이다.

요약 정리

- 금은 역사적으로 가장 오래된 '가치 저장 수단'이다.
- 비트코인은 금처럼 희소성, 위조 불가, 탈중앙화 구조를 갖고 있다.
- 비트코인은 실물은 없지만, 디지털 시대에 더 잘 작동하는 금의 역할을 한다.
- 그래서 사람들은 비트코인을 '21세기 디지털 금'이라고 부른다.
- 특히 인플레이션, 경제 위기 때 비트코인은 금처럼 가치 피난처가 될 수 있다.

따라 해보기 👍

1. 나는 지금 '금'에 투자하고 있는가? 있다면 왜, 없다면 왜일까?
2. 만약 내 자산의 일부를 '**현금 대신 저장할 곳**'이 필요하다면 금과 비트코인 중 어느 쪽이 더 나에게 적합한가?
3. 금은 물리적으로 안전하지만 느리고, 비트코인은 디지털이라 빠르지만 변동성이 크다. 나는 어느 쪽을 더 신뢰할 수 있을까?

비트코인의 장점과 한계
신뢰할 수 있을까? 조심할 점은 없을까?

"비트코인은 진짜 혁신이다!" "아니야, 거품이야. 위험한 투기일 뿐이야."

비트코인을 두고는 언제나 찬반이 극명하게 나뉜다. 한쪽은 금보다 더 우월한 자산이라 말하고, 또 다른 쪽은 언제 터질지 모를 거품이라고 주장한다. 과연 진실은 무엇일까? 암호화폐 입문자로서 우리가 해야 할 일은 무작정 믿거나, 무작정 무시하는 게 아니라 비트코인의 '장점'과 '한계'를 냉정하게 따져보는 것이다. 먼저 비트코인의 장점으로 5가지를 꼽을 수 있다.

① 탈중앙화 – 누구의 통제도 받지 않는다

기존 화폐는 항상 정부나 중앙은행의 통제를 받는다. 하지만 비트코인은 어느 국가나 기관의 간섭 없이 스스로 작동한다.

- 은행 없이도 거래 가능
- 정부가 막으려 해도 막기 어려움
- 정치, 경제 상황과 무관하게 존재할 수 있음

이는 '자산의 독립성'이라는 점에서 매우 강력한 무기다.

② 발행량 고정 – 인플레이션에 강하다

비트코인은 총 발행량이 2,100만 개로 고정돼 있다. 더 이상 늘어나지 않는다. 이는 미국 달러, 한국 원화처럼 무제한 발행되는 화폐와 결정적으로 다르다.

- 중앙은행이 돈을 찍어낼수록 화폐가치는 떨어진다.
- 하지만 비트코인은 찍어낼 수 없어 희소성이 유지된다.

그래서 사람들은 비트코인을 디지털 금, 인플레이션을 피하는 자산으로 인식한다.

③ 투명한 거래 기록 – 누구나 볼 수 있다

비트코인의 모든 거래는 블록체인에 실시간 기록된다. 누가 누구에게 보냈는지, 얼마를 보냈는지 모두가 열람할 수 있다.

- 익명성과 투명성을 동시에 갖춤
- 위·변조가 거의 불가능

- 정부보다 더 정직한 회계장부?

불신이 많은 디지털 시대에 비트코인은 가장 신뢰 가능한 '기록 시스템'이기도 하다.

④ 빠르고 저렴한 국제 송금

해외로 송금할 때 보통은 중간 은행을 여러 번 거쳐야 하고. 수수료가 비싸며 며칠씩 시간이 걸린다. 하지만 비트코인은,

- 전 세계 어디든 1분 안에 전송 가능
- 수수료는 몇백 원에서 몇천 원 수준

특히 은행 인프라가 부족한 개발도상국에서는 비트코인이 현실적 대안이 되고 있다.

⑤ 24시간 거래 가능

주식은 거래 시간이 정해져 있다. 하지만 비트코인은 365일 24시간 언제든지 거래 가능하다.

- 언제든 사고팔 수 있어 유연한 투자 가능
- 시간적 자유도 높음
- 글로벌 시장과 연결되어 있음

반면 비트코인의 한계도 다음의 5가지를 든다.

① 가격 변동성 – 너무 심하다

비트코인은 하루에도 10~20퍼센트씩 오르거나 떨어진다. 2021년 최고가였던 8천만 원대에서, 단 몇 달 만에 3천만 원대까지 급락한 적도 있다.

- 고점에 샀다가 순식간에 큰 손실을 볼 수 있음
- 심리적으로 버티기 어려운 시장

② 제도적 불확실성

- 아직까지도 전 세계에서 명확한 규제가 존재하지 않는다.
- 나라마다 코인에 대한 입장이 다르다.(미국: 인정, 중국: 금지, 한국: 부분 허용)
- 갑작스러운 법 개정이나 규제 강화 가능성은 큰 리스크

투자자 보호 장치가 부족하다는 것도 문제다.

③ 해킹과 보안 이슈

비트코인 자체는 해킹이 거의 불가능하다. 하지만 거래소는 다르다.

- 국내외 거래소가 해킹당한 사례 다수

- 개인 지갑이나 키를 분실하면 복구 불가
- 신종 사기(피싱, 스캠 코인)도 많다.

'내 코인은 내가 지킨다'는 인식과 공부가 필요하다.

④ 실제 결제 수단으로는 아직 불편

- 여전히 대부분의 상점에서는 코인을 받지 않는다
- 거래 속도가 느린 경우도 있고, 수수료가 높을 때도 있음
- 규제 이슈 때문에 결제보다 투자용 자산에 가깝다

'실제 화폐'보다는 아직은 '디지털 자산'에 더 가깝다.

⑤ 환경 문제

비트코인을 채굴하기 위해서는 막대한 전력이 필요하다. 이 때문에 '친환경적이지 않다'는 비판이 있다.

- 실제로 일부 국가는 전력 낭비를 이유로 채굴을 제한
- ESG(환경·사회·지배구조) 기준에서 마이너스 요소

최근에는 '친환경 채굴' 시도로 이 문제를 개선하려는 움직임도 있다.

비트코인의 장점과 한계

구분	장점	한계
신뢰 구조	중앙 없는 신뢰	제도 보호 미흡
자산 가치	희소성과 인플레이션 방어	큰 가격 변동성
기술 구조	투명한 기록, 위조 불가	거래소 해킹 가능성
활용성	빠른 전송, 24시간 거래	실제 결제에 한계
시대성	디지털 금, 탈중앙 자산	환경 문제 등 사회적 논란

요약 정리

- 비트코인은 기존 자산과 다른 혁신적 장점을 가지고 있다.
- 하지만 아직 제도화되지 않았고, 위험 요소도 분명 존재한다.
- 찬사와 비판이 공존하는 이유는 기회와 리스크가 모두 크기 때문이다.
- 중요한 건, 무작정 긍정도 무조건 부정도 아닌 균형 잡힌 이해이다.

따라 해보기

1. 비트코인의 가장 큰 장점은 무엇인가?
2. 반대로, 비트코인에서 가장 걱정되는 점은 어떤 부분인가?
3. 이런 장단점을 고려했을 때, 비트코인을 '장기 보유할 자산'으로 볼 수 있을까?

비트코인을 사면 돈이 되는 걸까?

누구는 부자가 됐다는데, 진짜 가능할까?

비트코인 이야기에서 가장 많이 나오는 말.

"와, 비트코인 초기에 산 사람들은 진짜 부자 됐대." "한때 10만 원짜리가 지금은 수천만 원이라던데?"

"나도 지금 사면, 언젠가 그렇게 되지 않을까?"

사실이다. 비트코인을 초기에, 그것도 헐값일 때 매수한 일부 투자자들은 지금 진짜 억만장자가 되었다.

하지만 동시에, 2021년 고점에 들어가 순식간에 반토막 난 사람들도 수없이 많다. 그렇다면 물어봐야 한다. "비트코인을 사면 진짜 돈이 될까?" 정답은 "조건부 YES", 그리고 "전략에 따라 달라진다"이다.

비트코인은 정말 그렇게 많이 올랐을까?

비트코인 가격 변천사를 표로 정리하면 다음과 같다.

연도	시세(1BTC 기준)	주요 사건
2010년	약 100원	피자 2판=1만 BTC (비트코인 피자 데이)
2013년	100만 원 돌파	전 세계 관심 시작
2017년	약 2,000만 원	1차 대세 상승, ICO 열풍
2018년	약 400만 원	규제 강화, 버블 붕괴 논란
2021년	약 8,000만 원	사상 최고가 달성, 기관투자자 대거 유입
2022년	약 2,000만 원	금리 인상, 테라·FTX 사태 등으로 급락
2024년	약 7,000만 원	ETF 승인, 반감기 기대감
2025년	약 16,000만 원	반감기 이후 랠리 본격화, ETF 유입 지속

그러니 만약 10년 전 10만 원을 투자했다면 2021년 기준으로 수천 배 이상의 수익을 올릴 수도 있었다. 하지만 이 말은 반대로, 고점에 산 사람은 큰 손실을 입었을 수도 있다는 뜻이기도 하다.

누군가는 돈을 벌고, 누군가는 잃는다
비트코인으로 돈을 번 사람들의 공통점은 다음과 같다.

- 조급하지 않고 장기 보유했다(HODL)
- 고점이 아니라 저점에서 천천히 매수했다
- 코인의 구조와 흐름을 충분히 이해하고 있었다
- 남들이 욕할 때 사서, 남들이 환호할 때 팔았다

반면 비트코인으로 손실 본 사람들의 공통점도 있다.

- '떡상한다'는 말만 듣고 묻지마 투자
- 올랐다고 무리해서 몰빵
- 고점에서 FOMO에 휘말려 진입
- 하락장에 겁먹고 패닉 셀

즉, 비트코인은 운이 아니라 태도와 전략의 싸움이다.

비트코인 투자, 어떤 전략이 현실적일까?

① 분할 매수 DCA Dollar Cost Averaging
- 일정한 금액을 매달 나눠서 매수
- 시세의 고점·저점을 정확히 예측하지 않아도 됨
- 장기 보유 시 평균 단가가 낮아짐 → 리스크 완화
  예: 매달 10만 원씩 1년간 투자 → 고점/저점에 흔들리지 않음

② 장기 투자 HODL
- 단기 변동성에 흔들리지 않고
- 최소 3~5년 단위로 보유하는 전략
- ETF 승인, 반감기, 기관 매수 등 구조적 상승 요인을 고려
  단, 여유 자금으로만! 멘탈이 중요

③ 포트폴리오 내 비중 조절
- 자산의 100퍼센트를 비트코인에 넣는 건 위험
- 보통 전체 자산의 5~20퍼센트 이내에서 분산투자
- 나머지는 예금, 주식, 금 등으로 안정성 확보

④ 수익 실현 기준 설정
- 언제 들어갈지보다 중요한 건
- 언제 나올지 기준을 미리 세우는 것
  "○퍼센트 수익 나면 일부 매도", "○원 되면 익절" 같은 전략 필요

지금 사면 늦은 걸까?

많은 사람이 이렇게 묻는다. "이미 많이 올랐잖아요. 지금 들어가면 늦은 거 아닌가요?"

하지만 이 질문에는 답이 없다. 왜냐하면 비트코인의 시가총액은 여전히 금의 10퍼센트도 안 되며, 전 세계 인구의 절반 이상은 아직도 코인을 보유하고 있지 않기 때문이다.

"모두가 알고 있는 건 기회가 아니고, 아무도 모르는 건 위험이다. 하지만 '이해한 뒤에 들어가는 것'은 기회가 될 수 있다."

지금 사는 게 중요하지 않다. 이해하고, 준비된 뒤에 사는 게 중요하다.

요약 정리

- 비트코인으로 실제 큰 수익을 낸 투자자들이 있다.
- 하지만 그들은 운이 아니라 전략과 기다림으로 이익을 얻었다.
- FOMO(공포에 의한 매수)는 가장 위험한 진입 방식
- 분할 매수, 장기 보유, 자산 배분이 핵심
- 지금 들어가도 되지만, 공부 없이 들어가면 결국 '도박'이 된다.

따라 해보기

1. 나는 지금 비트코인을 '단기 수익용'으로 보고 있는가, '장기 자산'으로 보고 있는가?
2. 내가 감당할 수 있는 손실 금액은 얼마인가?
3. '1년 이상 보유할 수 있는 여유자금'이 있다면, 어느 정도까지 코인에 투자해 볼 수 있을까?

3장
블록체인, 게임처럼 이해해보자

"신뢰할 수 없는 환경에서 신뢰를 만드는 기술이 블록체인이다."
-마크 앤드리슨 (벤처투자자, a16z)

블록체인은 뭘까?
복잡한 기술? 아니, 생각보다 단순한 원리

"코인은 블록체인 기술로 만들어졌대." "비트코인도, 이더리움도, 다 블록체인 기반이야." "블록체인을 알면 코인을 이해할 수 있어."

그런데 정작 '블록체인'이 뭔지 묻는 순간 많은 사람이 말을 멈춘다. 어렵게 설명하자면 할 말은 많지만, 쉽게 설명하는 건 정말 어렵기 때문이다. 하지만 걱정 마시라. 이 책에서는 비전공자도 이해할 수 있도록, 블록체인을 아주 쉽게, 마치 게임을 설명하듯 풀어드리겠다.

블록체인은 '기록하는 방식'이다

우선 핵심부터 말하자면, 블록체인은 어떤 내용을 기록하고 저장하는 새로운 방식이다. 그게 전부다. 엑셀로 표를 만들 듯, 일기장에 매일 내용을 쓰듯, 우리는 늘 '정보'를 어딘가에 저장하며 살아간다. 기존엔 이 정보를 한 사람이, 한 컴퓨터가 기록했다. 은행의 거래 내역도, 병원의 진료 기록도, 모두 중앙 컴퓨터 한 곳에 저장된다. 그런데 블록체인은 그 방식을 바꿨다. 모든 사람이 동시에 같은 장부를 가지고, 함께 내용을 적고, 함께 확인하는 방식으로 바꾼 것이다.

블록체인=블록 + 체인

말 그대로 블록체인은 두 단어의 합이다.

- 블록Block: 일정 시간 동안 발생한 거래(정보)를 담은 상자
- 체인Chain: 그 상자들을 시간 순서대로 연결한 것

예를 들어보자. 누군가 비트코인을 보낸다. 그 기록은 이렇게 진행된다.

1. 여러 거래 기록이 하나의 '블록'에 담긴다.
2. 이 블록은 암호화된 고유 코드(해시)를 가진다.
3. 새로운 블록이 생기면, 앞 블록과 고리처럼 연결된다.
4. 이 체인이 끊임없이 이어지면서 모든 거래 기록을 저장한다.

그래서 블록체인은 흔히 '공공 거래 장부Public Ledger'라고도 불린다. 누구나 볼 수 있고, 누구도 바꿀 수 없는 디지털 장부다. 이는 끝말잇기에 비유할 수 있다.

1. 첫 번째 사람이 "강아지"라고 말한다.
2. 두 번째 사람이 "지구본", 세 번째 사람이 "본능"이라고 이어간다.
3. 만약 두 번째 사람이 말을 바꾸면? 세 번째 단어가 맞지 않게 된다.

이처럼 앞의 기록이 바뀌면 뒤의 연결이 전부 깨지기 때문에, 블록체인은 한 번 적힌 기록을 고치기가 거의 불가능한 방식의 '장부'라고 할 수 있다. 또는 '모두가 같은 다이어리를 쓰는 마을'이라 비유할 수도 있다. 작은 마을이 있다고 상상해보자. 이 마을에서는 누가 누구에게 돈을 줬는지 매일 기록해야 한다. 그런데 특이한 점이 있다.

- 모든 사람이 각자 똑같은 장부를 하나씩 들고 있다
- 거래가 일어나면 마을 사람들이 동시에 똑같이 기록한다
- 누군가 잘못 기록하거나 거짓말을 하면, 다른 사람들의 기록과 달라져서 무시된다

이게 바로 블록체인의 핵심 원리다. "모두가 같은 장부를 들고 있고, 다 같이 지킨다."

그래서 블록체인에는 어떤 장점이 있을까? 첫째 한 줄의 기록을 바꾸려면, 모든 사람의 장부를 동시에 바꿔야 하기 때문에 위조·변조가 거의

불가능하다. 둘째 거래 내용이 모두 기록되어 누구나 열람할 수 있다. 셋째 그 결과 중앙기관 없이도 신뢰가 만들어져 은행, 회사, 정부가 없어도 거래가 성립된다. 이 기술 덕분에, 비트코인 같은 탈중앙 디지털 자산이 가능해졌다.

그럼 블록체인은 코인 말고도 쓰일 수 있을까?

그렇다. 블록체인은 단순히 '코인 기술'이 아니라, 신뢰가 필요한 모든 기록 시스템에 응용될 수 있다. 예를 들면 • 의료 기록: 환자의 병원 이력 공유 • 부동산 거래: 위조 불가능한 소유권 증명 • 선거 시스템: 조작 불가능한 투표 기록 • 공급망 관리: 제품 유통 경로 추적 • 음원/디지털 콘텐츠 저작권 등록 등 다양하게 쓰일 수 있다.

앞으로 세상의 '신뢰 시스템'이 바뀌면, 그 중심에 블록체인이 있을 가능성이 크다.

요약 정리

- 블록체인은 '모두가 공유하는 디지털 장부'다.
- 거래를 '블록'이라는 단위로 모아, 시간 순서대로 '체인'처럼 연결
- 중앙이 없이도 신뢰, 보안, 투명성이 보장된다.
- 위조·해킹이 매우 어렵고, 누가 뭘 했는지 모두 기록된다.
- 코인 외에도 의료, 금융, 유통 등 다양한 분야에 활용될 수 있다.

따라 해보기 👍

1. 내가 매일 쓰는 앱 중에 '신뢰'를 기반으로 한 서비스는 무엇이 있을까?(은행, 배달, 병원, 예약 등)
2. 그 서비스가 블록체인으로 바뀐다면, 어떤 점이 좋아질까?
3. 만약 내가 블록체인으로 바꾸고 싶은 '기록 시스템'이 있다면 어떤 게 있을까?

중앙은행 없이 거래하는 법
은행 없이도 돈을 주고받을 수 있다고?

"돈을 주고받는 건 은행을 통해서만 가능한 거 아니야?" "중앙은행 없이 거래가 된다는 게 말이 돼?"

많은 사람이 처음 비트코인을 접할 때 이 질문부터 하게 된다. 그럴 만하다. 우리는 태어나서 지금까지 늘 은행이나 카드사, 정부의 시스템을 거쳐야만 돈을 보내고 받을 수 있었기 때문이다. 하지만 비트코인과 블록체인은 이 상식을 완전히 뒤집었다. "은행이 없어도, 정부의 허락 없이도 우리는 서로 돈을 보낼 수 있다." 어떻게 그런 일이 가능할까? 천천히, 게임처럼 하나씩 이해해보자.

지금 우리가 쓰는 거래 시스템

먼저, 기존의 금융 시스템은 이렇게 작동한다. A가 B에게 10만 원을 송금한다 → 은행이 A의 계좌에서 10만 원을 빼고, B의 계좌에 넣는다 → 은행의 데이터베이스에 기록된다 → 수수료가 붙거나, 시간이 걸릴 수 있다. 이 구조는 매우 안정적이지만, 중앙집중형이다. 다시 말해, 우리는 돈을 거래할 때 '서로를 믿는 게 아니라, 제3자를 믿는 구조'에 익숙한 셈이다.

중앙집중형 금융시스템 특징

특징	설명
통제 주체	은행, 정부 등 중앙기관
거래 승인	은행의 허가와 검증 필요
기록 방식	한 곳의 데이터베이스에 저장
신뢰 방식	'기관을 믿는다'는 전제하에 작동

비트코인은 구조가 완전히 다르다

비트코인의 세계에서는 중앙기관이 없다. 누구도 은행처럼 거래를 '허가'하거나 '승인'하지 않는다. 그런데도 거래가 가능하다. 그 비결은? 바로 탈중앙 네트워크(P2P·Peer-to-Peer)이다.

"다 같이 장부 쓰는 마을"로 다시 돌아가보자. 이전 장에서 봤듯, 이 마을의 특징은 다음과 같다.

- 거래가 일어나면, 마을 사람들 전원이 동시에 장부에 기록한다.
- 누군가 조작하려 해도, 나머지 사람들의 기록과 달라져 무효 처리된다.
- 새로운 거래를 장부에 추가할 땐, **암호 문제(퍼즐)**를 먼저 푼 사람이 '기록 권한'을 얻는다.
- 이걸 채굴Mining이라고 부른다.

결국 이 마을에는 은행도, 경찰도 없지만 거래가 공정하고 안전하게 이뤄지는 시스템이 가능하다.

그럼 실제로 비트코인을 보낸다는 건 어떤 과정일까? 예컨대 A가 B에게 0.01 BTC를 보내려고 한다고 하자.

1. A는 자신의 지갑에서 B의 지갑 주소로 0.01BTC를 보낸다.
2. 이 정보는 비트코인 네트워크 전체에 전파된다.
3. 전 세계 채굴자들이 해당 거래를 포함한 블록을 만들기 위해 경쟁한다.
4. 퍼즐을 가장 먼저 푼 사람이 거래를 블록에 기록하고, 보상으로 비트코인을 받는다.
5. 거래는 블록체인에 기록되고, 영원히 바뀌지 않는다.

이 전체 과정에 은행은 단 한 번도 개입하지 않는다.

누가 이 거래가 진짜라는 걸 보증해줄까?

바로 '수학'과 '암호'가 그 역할을 한다. 비트코인 거래는 무작정 '신뢰'에 의존하지 않는다. 내가 보낸 코인이 진짜 내 것인지? 중복으로 쓰인 건 아닌지? 거래에 문제가 없는지? 이 모든 걸 암호 알고리즘과 네트워크 전체가 공동 검증한다. 즉, 비트코인의 거래는 "사람을 믿는 게 아니라, 시스템을 믿는 구조"다.

왜 이게 중요한가?

- 정부의 통제 없이 돈을 주고받을 수 있다.

- 은행 계좌가 없어도 자산을 소유하고 거래할 수 있다.
- 국경과 시간을 초월해서 누구에게나 보낼 수 있다.

이러한 구조는 특히 다음과 같은 상황에서 강력하다.

- 금융 서비스가 부족한 나라
- 정부나 은행이 신뢰받지 못하는 지역
- 검열 없는 거래가 필요한 상황
- 시민이 자신의 자산을 스스로 통제하고 싶은 경우

그래서 비트코인은 단순한 '돈 버는 수단'이 아니라 새로운 금융 자유 Financial Freedom의 상징으로 여겨지기도 한다. 실제 이미 수많은 사람이 중앙은행 없이 가족 간 해외 송금, 인터넷 쇼핑몰에서 결제. 개발도상국에서 임금 지급, 시민운동에서 정부 통제를 우회한 후원 등을 비트코인으로 하고 있다. 은행 없이 금융거래가 가능한 시대가 된 것이다.

요약 정리

- 기존 금융 시스템은 중앙기관(은행, 정부)을 통해 거래를 승인하고 기록한다.
- 블록체인 기반 코인은 '다 같이 장부를 쓰는 방식'으로 거래를 검증한다.
- 이 구조는 신뢰할 기관 없이도 안전하고 투명한 거래를 가능하게 만든다.
- P2P 네트워크 + 블록체인 기술 + 암호 알고리즘이 중앙은행 없는 거래의 핵심 엔진이다.

따라 해보기

1. 내가 최근에 돈을 주고받은 모든 거래를 떠올려보자. 그중 몇 건이 은행 없이 가능했을까?
2. 만약 내가 해외에 있는 친구에게 즉시 돈을 보내야 한다면, 은행 없이 가능한 방법은 어떤 것이 있을까?
3.. 중앙기관 없는 시스템이 더 자유롭다고 느껴지는가, 아니면 더 불안하게 느껴지는가? 그 이유는?

채굴이 뭐야? 코인은 어디서 나와?
누가 비트코인을 만들고, 어떻게 생기는 걸까?

비트코인을 검색하면 자주 따라붙는 단어가 있다. 바로 '채굴mining'이다. 뉴스에서는 이렇게 말하곤 한다. "채굴자들이 비트코인을 캔다." "채굴 때문에 전기를 너무 많이 쓴다." "비트코인 보상으로 채굴자들이 부자가 됐다."

그런데 가만히 생각해보자. 비트코인이 금도 아니고, 땅속에 묻힌 광물도 아닌데 '채굴'이라는 표현을 쓰는 이유는 무엇일까? 그리고 더 중요한 질문. 비트코인은 대체 어디서 나오는 걸까?

채굴이란 무엇인가?

채굴이란 원래 금이나 석탄처럼 땅속 자원을 캐는 것을 말한다. 비트코인은 실물이 없는데 왜 이 단어를 쓸까? 그 이유는, 비트코인을 얻기 위해

'노력'과 '자원'을 들여야 하기 때문이다. 금이 땅속 깊이 묻혀 있고, 파내려면 장비와 에너지가 들 듯, 비트코인도 복잡한 수학 퍼즐을 풀어야만 보상으로 주어진다. 그리고 이 퍼즐을 푸는 과정이 바로 '거래를 검증하고 블록을 생성하는 과정'이다. 즉, 채굴은 단순히 코인을 얻는 일이 아니라, 블록체인을 작동시키는 핵심 역할이기도 하다.

왜 퍼즐을 풀어야 할까?

블록체인에 새로운 거래가 생기면 그 거래들을 담은 새로운 블록을 만들어야 한다. 그런데 아무나 막 쓰면 안 되니, 블록을 추가할 '권한'을 얻기 위한 경쟁이 시작된다. 이때 참가자(채굴자)들은 모두 컴퓨터를 이용해 복잡한 암호 퍼즐을 푼다. 그리고 가장 먼저 문제를 푼 사람이 새로운 블록을 만든다. 이 구조를 작업 증명PoWProof of Work이라고 한다. 요약하자면, 블록을 만들려면 퍼즐을 풀어야 한다 → 퍼즐을 푸는 건 매우 어렵다 (시간·전기·장비 필요) → 그래서 아무나 블록을 만들 수 없다 → 이 과정을 거친 사람에게 보상으로 비트코인이 주어진다. 이게 바로 '채굴'이다. 비트코인을 채굴하는 모습을 온라인 퍼즐 게임 대회라고 상상해보자.

- 참가자는 전 세계 수십만 명
- 모두가 동시에 '문제'를 푼다.
- 정답을 제일 먼저 맞춘 사람이 1등
- 1등에게는 '상금(비트코인)'이 주어짐.
- 그 퍼즐의 답은 공개되어, 모두가 검증 가능
- 다음 게임(블록)으로 넘어간다.

이 게임은 10분마다 한 번씩 열린다. 비트코인은 약 10분마다 새로운 블록이 생성되고, 그때마다 누군가 '1등'을 해서 보상을 받는다.

보상은 얼마나 줄까?

처음 비트코인이 생겼을 땐, 1등(채굴자)에게 50BTC가 보상으로 주어졌다. 하지만 지금은 아니다. 4년마다 보상이 절반으로 줄어드는 구조이기 때문이다. 이를 반감기라고 부른다.

시기별 비트코인 반감기

시기	블록당 보상	연도
1기	50 BTC	2009년~2012년
2기	25 BTC	2012년~2016년
3기	12.5 BTC	2016년~2020년
4기	6.25 BTC	2020년~2024년
5기	3.125 BTC	2024년~2028년 (현재 기준)

즉, 시간이 지날수록 보상은 줄어들고, 채굴은 더 어려워지며, 비트코인의 희소성은 점점 커진다. 만일 채굴자가 없으면 어떤 일이 생길까? 채굴자는 단순히 코인을 받는 사람이 아니다. 그들은 비트코인 거래를 검증하고, 블록체인을 유지하는 관리자다. 만약 채굴자가 없다면, 거래가 기록되지 않기에 블록이 생기지 않아 비트코인 시스템 자체가 멈춘다. 따라서 채굴 보상은 단순한 '돈'이 아니라 네트워크를 유지하기 위한 동기부여 시스템인 셈이다.

채굴의 문제점은?

비트코인 채굴은 막대한 전기와 고성능 컴퓨터가 필요하다. 그래서 다음과 같은 문제들이 제기된다.

- 전기요금 급등
- 환경오염
- 특정 국가·기업의 채굴 독점
- 점점 진입장벽이 높아짐

이에 따라 일부 코인들은 채굴 없이 운영되는 방식-지분 증명, PoS 등-으로 진화하고 있다. 하지만 비트코인은 처음부터 지금까지 '채굴 중심 구조'를 유지하고 있다.

> **요약 정리**
> - 비트코인은 수학 퍼즐을 푼 사람에게 보상으로 주어진다.
> - 이 과정을 '채굴'이라고 부르며, 동시에 블록체인 시스템을 유지하는 핵심 작업이다.
> - 보상은 4년마다 절반으로 줄어들며, 이 구조 덕분에 희소성과 가치가 유지된다.
> - 채굴은 비용이 많이 들지만, 중앙기관 없는 거래를 가능하게 하는 핵심 메커니즘이다.

> 따라 해보기
>
> 1. 지금 비트코인을 '직접 채굴해볼 생각'이 드는가, 아니면 '그냥 사는 게 낫다'고 생각하는가?
> 2. 채굴이라는 구조가 신뢰를 만드는 방식이라고 생각하는가?
> 3. 친환경 채굴이나 다른 합의 방식(PoS 등)에 대해 관심이 생기는가?

왜 블록체인은 해킹이 어려울까?

정부도 못 뚫는 시스템이라고? 진짜야?

비트코인이나 이더리움 같은 코인을 이야기할 때 항상 따라붙는 말이 있다.

"블록체인은 해킹이 거의 불가능하다." "지금까지 단 한 번도 블록체인이 직접 뚫린 적은 없다."

정말일까? 인터넷 뱅킹도 뚫리고, 거래소도 털리는 세상인데, 이 '블록체인'이라는 기술만은 정말 안전한 걸까? 정답은 "Yes, 하지만 조건이 있다"이다. 먼저 핵심부터 말하자면, 블록체인이 해킹당하기 어려운 이유는 그 구조 자체에 있다. 기존 시스템은 보통 데이터가 중앙 서버에 저장되기에 공격자는 중앙 서버만 해킹하면 전체 시스템을 무력화시킬 수 있는 구조다. 은행 본사 서버, 병원 서버, 정부 서버 등이 그런 예이다. 하지만 블록체인은, 누구도 중앙이 아니고, 모두가 서버이며, 거래 기록이 수천, 수만 개의 노드에 동시에 저장되므로 하나를 바꿔도, 나머지가 다르게 기록돼 있어 무효 처리된다. 즉, 블록체인은 '한 곳만 뚫으면 끝'인 시스템이 아니라, '수천 개를 동시에 뚫어야 시작이라도 할 수 있는 시스템'이다.

'블록 + 체인' 구조는 위조를 막는다

블록체인은 말 그대로 '블록'이라는 상자들이 시간 순서대로 '체인'처럼 연결된 구조다.

- 각 블록은 이전 블록의 정보를 담고 있음
- 이 연결은 암호화된 고유 값(해시)으로 이어져 있다.
- 하나만 바꾸면 연결이 깨져 전체가 무효 처리됨

따라서 누군가 과거 거래를 조작하려면 그 블록뿐만 아니라, 이후 모든 블록까지 다 수정해야 한다. 그리고 그 정보를 모든 참가자 노드에 동시에 반영해야 한다. 현실적으로 거의 불가능하다. 생각해 보자. 블록을 쌓는 게임이 있는데, 다 같이 보고 있다. 누군가 몰래 블록 하나를 바꾸려 하면, 나머지 수천 명이 "그거 너 혼자 바꿨지?" 하고 알아채서 그 기록은 무효 처리된다. 이게 바로 블록체인의 작동 방식이다. 누군가 조작해도 다 같이 비교해서 틀린 걸 골라낸다. 이 구조 덕분에 사람이나 기관이 아니라 시스템이 신뢰를 보장해 준다.

해킹하려면? '51퍼센트 공격'을 해야 한다

이론상 블록체인을 해킹하는 방법은 단 하나 있다. 바로 '51퍼센트 공격51% Attack'이다.

블록체인, 게임처럼 이해해보자 **65**

- 블록체인의 거래는 전체 네트워크가 다수결로 인정한다.
- 만약 누군가가 전체 컴퓨팅 파워의 51% 이상을 차지하면 그 사람은 거래 승인·조작 권한을 갖게 된다.
- 자신에게 유리한 거래만 승인하거나, 다른 사람의 거래를 막을 수도 있다.

하지만 문제는 이 51퍼센트를 차지하려면 전 세계 수천 개의 채굴 장비를 초당 동기화해야 하고, 수조 원 이상의 컴퓨팅 파워와 전기가 필요하다. 현실적으로, 정말 돈이 넘쳐나는 국가나 초거대 기업 아니면 불가능하다. 게다가 그런 공격이 성공하더라도, 시장 신뢰가 붕괴되어 코인의 가치가 폭락해서 결국 공격자도 손해를 보게 된다. 그래서 '성공해도 망하고, 실패해도 망하는' 구조다. 즉, 해킹할 유인誘因이 거의 없다. 그런데도 코인 해킹 사고 뉴스가 자주 눈에 띈다. 이때 유의할 것이 있다. '블록체인'이 해킹당한 것이 아니라, 그 주변 인프라가 해킹당한 경우가 대부분이라는 사실이다. 즉, 블록체인은 안전하지만, 그걸 쓰는 사람과 서비스는 취약할 수 있다. 따라서 중요한 건 '블록체인은 해킹이 어렵다'는 믿음과 함께, '나의 지갑과 계정은 스스로 지켜야 한다'는 책임감이다.

코인 '해킹' 사고 유형

사고 유형	실제 대상	예시
거래소 해킹	중앙 서버 해킹	'빗썸 해킹', 'FTX 사태' 등
개인지갑 탈취	키 분실·피싱	사기 링크 클릭, 가짜 앱 설치 등
스캠 프로젝트	코인 자체 문제	rug pull, 펌핑 후 사라짐 등

요약 정리

- 블록체인은 중앙이 없는 구조로, 한 지점을 해킹해도 전체 시스템은 멀쩡하다.
- 블록 + 체인 + 다중노드 + 암호화 덕분에 데이터를 위조하거나 조작하는 게 거의 불가능하다.
- '51% 공격'은 이론적으로 가능하지만, 현실적으로 매우 어렵다.
- 코인 해킹 뉴스는 대부분 블록체인 외부(거래소, 지갑 등) 문제이다.
- 기술은 안전해도, 사용자의 보안 의식이 중요하다.

따라 해보기

1. "블록체인은 안전하다"는 말을 이제 어느 정도 믿을 수 있는가?
2. 내가 사용하는 온라인 서비스 중, 중앙 서버가 아닌 '다중 참여자가 감시하는 구조'가 있다면 무엇일까?
3. 앞으로 코인을 보관하거나 거래할 때, '내 지갑은 내가 지킨다'는 마음가짐을 어떻게 실천할 수 있을까?

"계약은 약속이 아니다. 자동화된 실행이다."
-비탈릭 부테린 (이더리움 창시자)

이더리움은 그냥 또 다른 코인?
비트코인과 뭐가 다를까?

비트코인에 대해 조금 이해한 사람이라면 이제 자연스럽게 '이더리움 Ethereum'이라는 이름도 접하게 된다. 그리고 대부분 이런 질문을 한다.

"이더리움도 그냥 비트코인처럼 다른 코인인 거 아냐?" "비트코인이 원조니까, 이더리움은 그냥 2등쯤 되는 코인 아닌가?" "다른 점이 뭐야?"

결론부터 말하자면, 이더리움은 단순히 '또 다른 코인'이 아니라, '목적과 가능성이 완전히 다른 새로운 플랫폼'이다.

이더리움은 어떻게 시작됐을까?

이더리움은 2015년, 비탈릭 부테린Vitalik Buterin이라는 20대 천재 프로그래머에 의해 시작됐다. 비탈릭은 비트코인 초창기부터 활동한 인물이었지만, 한 가지 아쉬움이 있었다. "비트코인은 분명 대단한 발명이다. 하지만 단순히 '돈을 주고받는 기능'밖에 없다. 그보다 더 많은 걸 할 수 있지 않을까?"

이 질문에서 시작된 게 바로 이더리움이다.

비트코인과 이더리움 비교

항목	비트코인	이더리움
목적	디지털 화폐 (가치 저장, 송금)	스마트 계약 기반 플랫폼
기능	돈 전송만 가능	앱 개발, NFT, 디파이 등 다양한 기능
언어	제한된 스크립트 언어	튜링. 완전한 프로그래밍 언어
속도	느림 (평균 10분)	비교적 빠름 (평균 15~30초)
개발자	사토시 나카모토 (익명)	비탈릭 부테린 (공개적 활동)

한마디로 비트코인이 '디지털 금'이라면, 이더리움은 '디지털 운영체제'라고 볼 수 있다.

스마트 계약Smart Contract이란?

이더리움의 진짜 혁신은 바로 '스마트 계약'이라는 기능에 있다. 스마트 계약이란 조건을 만족하면 자동으로 실행되는 계약이다. 중간자 없이, 시스템이 알아서 계약을 실행한다. 예를 들어 "당신이 1이더ETH를 보내면, 나는 자동으로 NFT 하나를 전송합니다"란 계약이 있다 하자. 이 과정에는 사람도, 은행도, 공증인도 없다. 오직 코드Code만 있다. 이것이 가능한 이유는 이더리움이 '코인을 주고받는 기능'이 아니라 '앱을 실행할 수 있는 플랫폼'이기 때문이다.

이더리움은 '코인'이 아니라 '플랫폼'

비탈릭은 이더리움을 통해 누구나 블록체인 위에 앱을 만들 수 있는 환경을 제공했다. 그래서 지금도 수많은 개발자가 이더리움 위에 이런 것들을 만들고 있다.

- 디파이DeFi: 은행 없이 예금·대출·스왑
- NFT: 디지털 예술품, 음악, 게임 아이템 등
- DAO: 탈중앙 조직 운영
- 게임: 블록체인 기반 경제시스템 내장

다시 말해, 이더리움은 '이더ETH'라는 코인을 넘어서 디지털 세계의 인프라가 되고 있다.

이더리움의 한계점은?

물론 이더리움도 완벽하진 않다. 다음과 같은 문제점이 지적된다.

- 거래 수수료(가스비)가 높다.
- 트래픽이 많아지면 속도가 느려진다.

- 초보자에게는 여전히 사용이 복잡하다.
- 다양한 프로젝트가 난립하며 사기나 실패 사례도 존재

하지만 이러한 문제를 해결하기 위해 ▶레이어 2 기술(예: 옵티미즘, 아비트럼) ▶이더리움 2.0 업그레이드(지분 증명 전환) 등의 개선이 진행되고 있다.

비트코인 vs 이더리움

항목	비트코인	이더리움
철학	돈의 탈중앙화	애플리케이션의 탈중앙화
주기능	디지털 화폐, 가치 저장	스마트 계약, 디지털 플랫폼
별명	디지털 금	디지털 컴퓨터/디지털 OS
현재 용도	가치 저장, 포트폴리오 자산	NFT, 디파이, 블록체인 앱 개발 기반
대표적 투자 성향	장기 보유(HODL)	생태계 확장·개발 투자 중심

> **요약 정리**
>
> - 이더리움은 단순한 코인이 아니라 앱을 구동할 수 있는 블록체인 플랫폼이다.
> - 핵심 기능은 '스마트 계약'이며, 이는 사람 없이도 조건에 따라 자동 실행되는 시스템
> - 비트코인이 '디지털 금'이라면, 이더리움은 '디지털 운영체제OS'
> - NFT, 디파이, 게임, DAO 등 수많은 프로젝트가 이더리움 위에서 작동 중
>
> 여전히 과제는 있지만, 가장 활발하고 영향력 있는 블록체인 생태계로 평가받는다.

> 따라 해보기 👍
> 1. 나는 코인을 단순한 '투자 수단'으로만 보고 있는가?
> 2. 앱이나 콘텐츠를 내가 직접 블록체인에 올릴 수 있다면, 어떤 걸 만들어보고 싶은가?
> 3. '돈의 자유'와 '서비스의 자유' 중, 나는 어떤 방향의 탈중앙화에 더 관심이 있는가?

스마트 계약은 자동판매기 같은 것
복잡한 계약도 자동으로 실행되는 마법 같은 시스템

스마트 계약을 설명할 때 가장 많이 쓰이는 비유가 있다. 바로 '자동판매기Vending Machine'다. 이 비유는 정말 탁월하다. 복잡하고 딱딱한 개념을 한 번에 직관적으로 이해시켜주기 때문이다.

자동판매기처럼 작동하는 계약

자, 생각해 보자. 길을 걷다가 음료수 자동판매기를 발견했다. 이 안엔 콜라, 사이다, 이온 음료 등이 진열되어 있고, 각 음료는 가격이 정해져 있다. • 콜라 1,500원 • 사이다 1,200원 • 이온음료 1,000원

이제 당신은 1,500원을 넣고 콜라 버튼을 누른다. 그러면 어떻게 될까? 아무도 도와주지 않아도, 자동으로 콜라가 떨어진다. 이때 계약 조건은 매우 명확하다. "1,500원을 넣고 콜라를 선택하면, 콜라가 나온다."

그 누구도 이 조건을 바꾸지 못한다. 돈을 안 넣고 콜라를 받을 수 없

고, 버튼을 누르지 않으면 아무 일도 안 일어나며, 관리자나 점원이 없어도 시스템이 알아서 실행해 준다.

바로 이게 스마트 계약이다.

스마트 계약, 정의는 이렇다

스마트 계약은 조건이 충족되면 자동으로 실행되는 블록체인 기반의 계약 프로그램이다.

- 중간자(변호사, 은행, 공증인 등) 없이
- 오직 코드로만 신뢰를 보장
- 거래 당사자가 약속한 조건에 따라 자동 실행

사람의 개입 없이, 시스템이 알아서 실행된다. 그리고 그 기록은 블록체인 위에 투명하게 남는다.

자동판매기 vs 스마트 계약

항목	자동판매기	스마트 계약
입력	돈 + 버튼 선택	거래 조건 입력 (지갑 주소, 금액 등)
실행	음료 제공	자산 이동, NFT 전송, 앱 실행 등
보증자	기계 시스템	블록체인 코드
개입 여부	없음	없음
투명성	기계 내부라 불투명	블록체인에 기록되어 모두 열람 가능

- 공통점: 조건이 충족되면 자동 실행, 신뢰는 시스템에 의존
- 차이점: 자동판매기는 물리적 시스템, 스마트 계약은 디지털 블록체인 코드

실제 활용 사례

스마트 계약은 상상보다 훨씬 많은 곳에서 사용되고 있다. 다음은 실생활에서 가능한 예시들이다.

예1 NFT 자동 판매
- 조건: "이 주소로 1ETH를 보내면, 특정 NFT를 자동 전송"
- 실행: 거래 성사 → NFT 전송 → 블록체인 기록 완료
- 특징: 제작자·구매자 외 개입자 없음

예2 탈중앙 금융DeFi 예치·대출
- 조건: "100DAI를 예치하면 연 5% 이자 지급"
- 실행: 예치 완료 시 자동 이자 계산 및 지급
- 특징: 은행 없이 운영되는 자동 이자 시스템

예3 DAO 투표 시스템
- 조건: "토큰을 가진 사람은 제안에 투표 가능. 과반 찬성 시 실행"
- 실행: 자동으로 투표 결과 집계, 실행 여부 결정
- 특징: 관리자 없이 집단 의사결정 가능

모두 사람이 아닌 코드가 신뢰를 보장한다.

단점도 있다!

전통적인 계약은 사람의 신뢰에 기반한다. 계약서를 작성한 뒤 서로 도장을 찍고, 공증을 받기도 하며 혹시라도 상대가 계약을 어기면 소송을 벌이기도 한다. 하지만 스마트 계약은 이 과정을 건너뛴다.

"계약을 믿는 게 아니라, 실행되는 코드를 믿는다." 누군가 규칙을 어기거나, 약속을 지키지 않을 수 없다. 애초에 그렇게 작동하지 않기 때문이다. 물론 스마트 계약도 단점이 있다.

- 코드에 오류가 나면 되돌릴 수 없다
- 조건을 너무 복잡하게 쓰면 예상치 못한 결과 발생
- 인간적인 '유연함'이 없다
- 아직 일반인에게는 쓰기 어려운 구조

예를 들어, 2016년 발생한 DAO 해킹 사건은 스마트 계약 코드의 취약점을 노린 공격이었다. 비트코인은 무사했지만, 이더리움은 이 사건을 계기로 이더리움과 이더리움 클래식으로 분리되기도 했다.

> **요약 정리**
>
> - 스마트 계약은 조건을 만족하면 자동 실행되는 블록체인 계약 시스템이다.
> - '자동판매기'처럼 중간자 없이 코드가 약속을 지키게 한다.
> - DeFi, NFT, DAO 등 다양한 분야에 이미 광범위하게 사용되고 있다.
> - 사람보다 시스템을 믿는 신뢰 방식으로, 탈중앙화 세계의 핵심 도구가 된다.
> - 하지만 오류·보안·유연성 등 일부 한계도 존재한다.

따라 해보기 👍

1. 나는 어떤 일을 스마트 계약으로 자동화하고 싶은가?
2. 사람이 중간에 끼지 않는 시스템을 믿을 수 있는가?
3. 내 생활 속에서 '조건 자동 실행'이 적용된다면 어떤 게 가장 유용할까?

NFT는 어떻게 만들어질까?
디지털 그림 하나가 수천만 원이나 되는 비밀

2021년 3월, 전 세계가 깜짝 놀랐다. 디지털 아티스트 비플Beeple의 그림이 경매에서 6,900만 달러(약 770억 원)에 팔렸기 때문이다. 그 작품은 실제 그림이 아니라, JPEG 파일이었다. 그런데 어떻게 이런 일이 가능했을까? 정답은 바로 NFT Non-Fungible Token 때문이다.

NFT, 이게 뭔데?

NFT는 '대체 불가능한 토큰Non-Fungible Token'이라는 뜻이다. 쉽게 말해, "복제는 되지만, 진짜는 단 하나뿐인 디지털 자산"이다. 예를 들어, 인터넷에 떠도는 고양이 사진은 누구나 저장할 수 있지만, NFT로 만든 고양이 사진 중 '진짜 소유자'는 한 명뿐이다. 디지털 파일의 소유권을 증명해주는 블록체인 인증서, 그게 바로 NFT다.

NFT는 이렇게 만들어진다

NFT를 만드는 과정을 '민팅Minting'이라고 한다. 이건 마치 '디지털 작품에 도장을 찍는 과정'이라고 보면 된다. 민팅은 다음 과정을 거쳐 진행된다.

① 지갑 만들기
- 메타마스크MetaMask 설치
- 이더리움 등 사용 가능한 네트워크 설정

② NFT 플랫폼 가입
- OpenSea, Zora, Foundation, mintable 등
- 초보자에겐 OpenSea가 가장 쉽고 보편적

③ 작품 업로드
- 그림, 사진, 음악, 영상 등
- 제목, 설명, 로열티 설정 등 입력

④ 민팅Minting
- 업로드한 작품을 블록체인에 등록
- 이 과정에서 소액의 수수료(가스비)가 발생

⑤ 판매 등록 (선택)
- 정가 판매 또는 경매 방식
- 판매 통화 설정(ETH, WETH, USDC 등)

이제 당신의 디지털 작품은 세상에서 단 하나뿐인 블록체인 토큰이 된다!

NFT가 실제로 쓰이는 곳

NFT는 단순한 '디지털 그림'에 그치지 않는다. 아래 표에서 보듯 다양한 분야에서 빠르게 확산되고 있다.

분야	예시
예술	디지털 페인팅, 일러스트, AI 이미지
음악	한정판 음원, 앨범, 콘서트 티켓
게임	무기, 캐릭터, 아이템 소유권
스포츠	선수 카드, 경기 하이라이트
패션	디지털 의상, 가상 런웨이 아이템
커뮤니티	NFT 소유자 전용 클럽, 채팅방 등
부동산	가상세계Land 토지 소유권ex. Decentraland

요즘은 심지어 '졸업장', '입장권', '멤버십 카드'도 NFT로 발급된다.

NFT의 특징과 한계

NFT는 다음과 같은 특징이 있기 때문이다.

- 유일성: 같은 NFT는 두 개가 없다
- 소유권 명확: 블록체인에 기록되어 누구나 확인 가능
- 양도 가능: 마켓에서 사고팔 수 있음
- 창작자 로열티: 되팔릴 때마다 작가에게 수익 지급 가능
- 확장성: 게임, 예술, 커뮤니티 등 다양한 분야에 적용

하지만 NFT는 만능이 아니다. 신기하고 매력적인 건 맞지만, 주의할 점도 있다.

- 소유 ≠ 저작권
    - NFT를 샀다고 해서, 저작물을 마음대로 쓸 수 있는 건 아님
- 가치가 불안정
    - 관심이 떨어지면 0원이 될 수도 있다
- 위조와 사기
    - 남의 그림을 도용해 민팅하는 사례도 있음
- 수수료(가스비)
    - 거래 시 높은 수수료가 발생할 수 있음

그래서 NFT는 '투자'보다는 '취향'에 가깝다고 보는 게 좋다. 특히 입문자라면 '내가 좋아하는 작품, 작가'를 중심으로 시작하는 것이 안전하다.

> 💰 **요약 정리**
> - NFT는 디지털 파일에 블록체인으로 '소유권'을 입힌 자산이다.
> - 민팅 과정을 통해 누구나 NFT를 만들 수 있고, 거래도 가능하다.
> - 예술, 음악, 게임, 스포츠 등 다양한 분야에서 활발히 활용 중
> - 장점은 유일성과 투명성, 단점은 변동성과 사기 위험
> - 작품을 사고팔기보다는, NFT를 통해 새로운 디지털 문화를 경험해보자!

따라 해보기 👍

1. 내가 만든 콘텐츠 중, NFT로 등록해보고 싶은 게 있다면?
2. 다른 사람의 작품을 NFT로 살 때, 가장 중요하게 생각하는 기준은?
3. NFT를 단순한 투자 수단이 아니라, 창작과 소통의 수단으로 본다면 어떤 가능성이 떠오르는가?

디파이로 은행 없이 금융을?
중간자 없는 새로운 금융, '디파이DeFi'의 세계

은행 없이 금융 거래를 한다고? 처음엔 말이 안 되는 얘기처럼 들릴 수도 있다. 하지만 실제로 지금 이 순간, 수천만 명의 사람들이 은행 계좌 없이도 돈을 예치하고, 대출하고, 이자를 받고 있다. 그게 가능한 이유는

바로 디파이DeFi 덕분이다.

디파이란 무엇인가?

DeFi는 Decentralized Finance의 줄임말로, 탈중앙화된 블록체인 위에 구축된 금융 시스템을 뜻한다. 우리말로는 '탈중앙화 금융'이라 하는데, 쉽게 말해 "은행 없이도 할 수 있는 금융 서비스"를 가리킨다. 예를 들면 이런 식이다.

- 누구나 지갑만 있으면 참여 가능
- 은행 계좌, 서류 제출, 본인 인증 필요 없음
- 모든 거래는 스마트 계약을 통해 자동 실행

디파이는 이처럼 기존 금융의 '중개인'을 없애고, 스마트 계약이 직접 거래를 주관하는 구조다.

기존 금융 vs 디파이

항목	기존 금융TradFi	디파이DeFi
운영 주체	은행, 정부, 중앙기관	코드(스마트 계약), 사용자 커뮤니티
신뢰 방식	기관에 대한 신뢰	프로그래밍된 코드의 자동 실행
접근성	계좌 개설, 심사 필요	지갑만 있으면 즉시 가능
시간	은행 업무 시간 제한	24시간 365일 운영
수수료	중개 수수료 발생	사용자 간 직접 거래로 절감

디파이에서 할 수 있는 일

디파이에서는 은행이 하는 대부분의 일을 직접, 그리고 자유롭게 할 수 있다.

- ⊘ 예금·스테이킹Staking
  - 내가 가진 코인을 플랫폼에 예치
  - 일정 기간 동안 이자 또는 보상 코인 지급
  - 대표 서비스: Aave, Compound, Lido 등
- ⊘ 대출
  - 담보로 코인을 맡기고, 다른 코인을 빌림
  - 스마트 계약이 조건을 자동 판단해 실행
  - 신용 심사나 서류 필요 없음
- ⊘ 스왑·거래Swap
  - 특정 코인을 다른 코인으로 즉시 교환
  - 중앙 거래소 없이 **AMM(자동 시장 조성자)**가 가격 결정
  - 대표 서비스: Uniswap, PancakeSwap 등
- ⊘ 유동성 공급
  - 거래소에 코인을 예치하고 수수료 수익 받음
  - "내 코인을 맡기고, 그 코인으로 다른 사람 거래를 돕는 구조"

디파이는 다음과 같은 방식으로 전 세계 금융 소외 계층에게 새로운 기회를 줄 수 있다. 이것이 디파이의 진짜 장점이라 할 수 있다.

- 누구나 참여 가능: 지갑만 있으면 누구든지 금융 활동 가능
- 국경 없이 통용: 미국, 한국, 인도네시아 구분 없음
- 개방과 투명성: 모든 거래는 블록체인에 기록됨
- 자동 실행: 조건만 맞으면 즉시 처리됨
- 높은 이율: 전통 금융보다 더 높은 수익률 제시(하지만 위험도 있음)

디파이의 단점과 리스크

하지만 디파이에도 다음과 같은 위험이 존재한다.

- 코드 오류: 스마트 계약에 버그가 있을 경우 해킹 가능성
  - 사기 프로젝트: 믿을 수 없는 토큰 발행자나 rug pull 사례
- 시장 변동성: 담보 가치가 떨어지면 강제 청산 가능
- 사용자 책임: 잘못 전송하면 복구 불가능

따라서 디파이는 자유와 책임이 동시에 주어지는 금융 시스템이다.

디파이 시작을 위한 첫걸음

입문자라면 다음과 같은 순서로 안전하게 시작할 수 있다.

1. 이더리움 기반 지갑 만들기(메타마스크 등)
2. 작은 금액으로 디파이 플랫폼 체험해보기
   - 예금 또는 스왑 먼저
3. 수익률·위험도 체크

- APR, TVL, 사용량 등 분석

4. 검증된 플랫폼 위주로 사용

- Uniswap, Aave, Curve, MakerDAO 등

> **요약 정리**
>
> - 디파이는 중앙기관 없이도 가능한 자유로운 금융시스템이다.
> - 예금, 대출, 스왑, 스테이킹 등 대부분의 금융 서비스가 가능
> - 스마트 계약 기반으로 24시간 자동 실행되며, 투명하게 운영
> - 하지만 코드 해킹, 시장 급락, 사기 프로젝트 등 리스크 존재
> - 입문자는 작은 금액으로 검증된 플랫폼에서 체험부터 시작하자.

따라 해보기

1. 나는 디파이를 통해 어떤 금융 활동을 먼저 해보고 싶은가?
2. 기존 은행 시스템과 비교할 때, 내가 느끼는 가장 큰 차이는 무엇인가?
3. 나만의 '디지털 지갑'을 만들고, 디파이 예금을 체험해볼 준비가 되었는가?

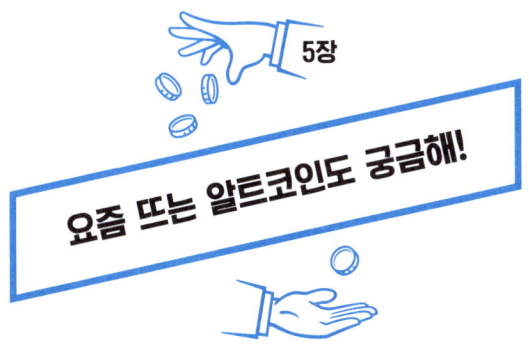

"혁신은 중심이 아닌 변두리에서 시작된다."
-클레이튼 M. 크리스텐슨 (혁신이론가)

알트코인이란?
비트코인 말고도 코인이 그렇게 많다고?

암호화폐(가상자산) 하면 대부분 사람들은 먼저 '비트코인'을 떠올린다. 하지만 비트코인은 이 세계의 시작일 뿐, 전부는 아니다. 지금 이 순간에도 수천 개의 코인들이 만들어지고 거래되고 있다. 그렇다면 그 많은 코인은 대체 어떤 존재일까?

알트코인의 정의

Altcoin(알트코인)은 'Alternative Coin'의 줄임말이다. 말 그대로, '비트코인을 제외한 모든 암호화폐'를 뜻한다. 즉, 비트코인을 제외한 나머지 이더리움, 리플, 솔라나, 도지코인 등은 전부 '알트코인'이다. 비트코인은 2009년 선보인 뒤 시간이 지나면서 사람들이 이런 생각을 하게 된다.

"비트코인 기술을 더 빠르게 만들면 어때?" "비트코인으로는 앱을 만들 수 없는데, 뭔가 더 확장할 수 없을까?" "결제 전용 코인, 게임용 코인, 그림을 사고파는 코인도 있으면 좋겠다."

이런 니즈를 반영해서 **비트코인을 대체하거나 보완**하려는 다양한 코인들이 등장했다. 그게 바로 알트코인의 시작이다.

알트코인의 종류

전 세계에 등록된 암호화폐는 2024년 기준 약 2만 종 이상에 달한다. 물론 그중 상당수는 사라지거나 실패하지만, 여전히 수천 개가 실제로 거래되며 시장을 움직이고 있다. 이를 그 기능과 목적에 따라 아래와 같이 분류할 수 있다.

비트코인=디지털 금이라면, 알트코인=다양한 기능을 가진 디지털 도구이기에 코인별로 각각 기능과 목적이 다르다.

- 이더리움은 스마트 계약 플랫폼
- 솔라나는 빠른 속도를 자랑하는 앱 생태계
- 리플은 초고속 국제 송금

분류	설명	대표 코인
플랫폼형	앱과 서비스가 돌아가는 기반 블록체인	이더리움, 솔라나, 아발란체, 카르다노
결제형	빠르고 저렴한 송금용	리플XRP, 스텔라XLM
밈코인	커뮤니티 기반 재미 요소 중심	도지코인DOGE, 시바이누SHIB
디파이	탈중앙화 금융 기능	유니스왑UNI, Aave, 컴파운드
스테이블코인	가격이 달러 등과 연동된 안정 자산	USDT, USDC, DAI
NFT·게임	디지털 자산, 게임 아이템 등 활용	샌드박스SAND, 디센트럴랜드MANA

- 폴리곤은 이더리움의 속도 문제를 해결하는 레이어2
- 에이다ADA는 학술 기반으로 안전성과 확장성에 집중

즉, 알트코인은 각각의 목적과 기술을 가진 디지털 프로젝트인 셈이다.

알트코인의 장점과 유의해야 할 점

1. 기술적 진보
   - ➡ 속도, 확장성, 에너지 효율 등 비트코인의 단점을 개선
2. 실제 활용성
   - ➡ 앱 개발, 결제, 게임, 메타버스 등 다양한 산업 연결
3. 높은 성장 잠재력
   - ➡ 비트코인보다 시가총액이 낮아 10배, 100배 성장 여지도 있음
4. 투자 다변화 수단

➡ 비트코인 외에 포트폴리오 구성 가능

이런 이점에도 불구하고 조심해야 할 점도 있다. 알트코인은 비트코인보다 변동성이 크고 사기 프로젝트도 더 많이 존재한다.

- 하루에 30~50퍼센트 급락하는 경우도 많고
- 기술력이 부족하거나 유명세만 앞선 코인도 있음
- 규제나 거래소 상장폐지 등 리스크 존재

그래서 정보를 꾸준히 공부하고, 검증된 프로젝트에 투자하는 것이 중요하다.

요약 정리

- 알트코인은 비트코인을 제외한 모든 암호화폐를 뜻한다.
- 이더리움, 솔라나, 리플, 도지코인 등 수천 개 존재
- 기술, 용도, 커뮤니티 등 목적에 따라 다양하게 분화
- 투자 매력도 크지만, 리스크도 함께 존재한다.
- 알트코인은 암호화폐 시장의 실험실이자 미래의 기회다.

따라 해보기

1. 내가 지금까지 들어본 알트코인에는 어떤 것이 있는가?
2. 이름만 유명한 코인 vs 실제로 기술력 있는 코인, 어떻게 구분할 수 있을까?
3. 나만의 관심 분야(예: 게임, 결제, 금융)에 따라 관심 가질 알트코인을 골라보자.

비트코인 말고도 쓸모 있는 코인들
비트코인 말고는 다 거품 아니냐고?

비트코인은 분명 암호화폐의 시작이자 상징이다. 하지만 지금의 블록체인 생태계는 비트코인 혼자만의 세상이 아니다. 수많은 코인이 저마다의 목적과 역할을 갖고 '쓸모'를 증명하고 있다. 여기서는 실제로 사용되고 있는 알트코인들의 대표적인 활용 사례들을 소개한다. 그저 거래만 하는 것이 아닌, 실제 쓰이고 있는 코인들이다.

💎 이더리움

"블록체인 위에 앱을 만들 수 있다면?"

비트코인이 단순한 '디지털 금'이라면, 이더리움은 블록체인 위에 집을 짓는 플랫폼이다.

- 스마트 계약 기능 탑재
- NFT, 디파이, DAO 등 수많은 프로젝트가 이더리움 위에서 구동
- 개발자 커뮤니티와 생태계가 가장 크고 활발

▶ 실사용 예
- NFT 민팅 & 거래(OpenSea 등)
- 디파이 금융 서비스(Uniswap, Aave 등)
- 블록체인 게임(Axie Infinity, Otherside 등)

💎 리플Ripple(XRP)

"전 세계 송금을 3초 안에 끝낸다?" 리플은 국경을 초월한 초고속 송금

을 위한 코인이다. 은행 간 해외 송금 시스템인 SWIFT보다 훨씬 빠르고 저렴하다.

- 평균 거래 시간: 3~5초
- 거래 수수료: 거의 0에 가까움
- 실제로 국제 금융기관과 협업 중

▶ 실사용 예
- 필리핀, 일본, 태국 등에서 실거래 송금 시스템 운영
- Santander, SBI 등 글로벌 금융사와 파트너십 체결

💎 솔라나Solana(SOL)

"빠르고 저렴한 블록체인을 원한다면?" 솔라나는 이더리움의 느린 속도와 높은 수수료를 개선하고자 등장한 고성능 블록체인 플랫폼이다.

- 초당 수천 건의 거래 처리 가능
- 수수료 거의 무료에 가까움
- NFT, 게임, 디파이까지 다양한 분야 확장 중

▶ 실사용 예
- Magic Eden: 솔라나 기반 NFT 마켓
- StepN: 운동하면 코인을 받는 M2E 앱
- DeFi 앱들: Orca, Jupiter 등

💎 체인링크Chainlink(LINK)

"블록체인이 현실 세계와 연결될 수 있을까?" 블록체인은 안전하지만, 외부 세계의 데이터와는 단절돼 있다. 그래서 등장한 게 체인링크다. 이

건 블록체인에 외부 데이터를 가져다주는 '오라클Oracle' 프로젝트다.

- 예: 날씨, 주가, 환율 등 실시간 데이터를 스마트 계약에 전달
- 이더리움 등 다양한 체인과 호환 가능

▶ 실사용 예

- 보험 서비스에서 날씨 정보 기반 자동 보상
- 탈중앙화 금융에서 실시간 가격 제공

💎 폴리곤Polygon(MATIC)

"이더리움이 너무 느리다면, 보조도로를 만들자!" 폴리곤은 이더리움의 확장성 문제를 해결하기 위한 레이어 2 프로젝트다. 즉, 메인 블록체인과 연결된 보조 블록체인 네트워크라고 보면 된다.

- 빠른 속도+낮은 수수료
- 이더리움과 호환되어 개발자 친화적
- 많은 NFT/디앱들이 폴리곤으로 이주 중

▶ 실사용 예

- Starbucks, Meta의 NFT 시스템 구축
- Reddit 커뮤니티 포인트 발행
- DeFi 앱: Aave, QuickSwap 등

그 외에도 쓸모 있는 알트코인들

코인	역할
USDC / USDT	달러와 1:1로 연동된 스테이블코인 (가격 안정성)
UNI	유니스왑 DEX의 운영 토큰
DAI	탈중앙화 알고리즘 기반 스테이블코인
LDO	이더리움 스테이킹 플랫폼 Lido의 거버넌스 토큰
APT / SUI	신생 레이어1으로 떠오르는 고속 블록체인

요약 정리

- 알트코인은 단순한 투기 자산이 아닌, 실제 쓰이는 디지털 도구다.
- 이더리움, 솔라나, 리플 등은 각자 기능과 목표가 뚜렷한 프로젝트
- 결제, 송금, 앱 개발, 데이터 연결 등 현실 문제를 해결하려는 시도
- 비트코인이 '디지털 금'이라면, 알트코인은 디지털 세상의 인프라다.

따라 해보기

1. 지금까지 내가 단순히 "이름만 들어봤던" 코인 중 실제 쓰이는 게 있었는가?
2. 내가 가장 관심 있는 분야(송금/ 게임/ 앱 개발/ NFT 등)와 맞는 코인은?
3. 단순한 가격 변동이 아닌 '쓸모' 중심으로 코인을 보는 습관, 나도 실천할 수 있을까?

유망한 알트코인 Top 5
비트코인 말고 이런 코인들도 꽤 잘 나간다!

암호화폐 시장에는 수천 개의 알트코인이 존재한다. 하지만 그중 상당

수는 목적이 불분명하거나 실제 사용성이 부족해 시간이 지나면 사라진다. 그렇다면, 지금 시점에서 "실제로 유망하다"고 말할 수 있는 알트코인들은 무엇일까? 이번에는 기술력, 시장성, 실제 활용도, 성장 가능성을 기준으로 현재 주목받고 있는 알트코인 5개를 소개한다.

💎 솔라나 Solana($SOL)

"초고속 블록체인의 선두주자"

- 특징
  - 초당 6만 건 이상의 거래를 처리하는 속도
  - 평균 수수료는 0.0001달러 수준
  - 탈중앙화 앱(DApp) 생태계가 빠르게 성장 중
- 실사용 분야
  - NFT 마켓(Magic Eden)
  - 운동보상 앱 StepN(Move to Earn)
  - 게임, 디파이, 결제 앱 다수
- 투자 포인트
  - 이더리움보다 빠른 속도
  - 대기업(FTX 파산 전에도) 관심 유치
  - 메인넷 안정성 계속 강화 중

💎 아발란체 Avalanche($AVAX)

"확장성과 탄탄한 파트너십으로 주목받는 차세대 플랫폼"

- 특징

- 수천 TPS 수준의 빠른 거래 속도
    - 서브넷Subnet 기능: 프로젝트마다 독립된 블록체인 구축 가능
    - 아마존 AWS와 협업, 기업용 활용도 ↑
- 실사용 분야
    - 기관용 블록체인 시스템 구축
    - 디파이 앱 Pangolin, Trader Joe
    - 게임·메타버스 프로젝트 증가
- 투자 포인트
    - 기업·정부 파트너십 확대 가능성
    - 지속적인 기술 개발
    - 현실 세계에 더 가까운 '실용형 블록체인'

💎 에이다Cardano($ADA)

"학문적 연구 기반으로 탄생한, 느리지만 신중한 블록체인"

- 특징
    - IOHKInput Output Hong Kong 개발
    - 수학적 검증을 거친 코드 기반 → 안정성과 보안에 집중
    - 느리지만 단계별 업그레이드 진행 중
- 실사용 분야
    - 아프리카 지역의 디지털 신분증 프로젝트
    - 교육 인증 시스템
    - 스마트 계약 기반 디앱
- 투자 포인트

- 철학과 비전이 명확함
- 커뮤니티 규모가 큼
- 느린 발전 속도지만 탄탄한 기초 체력

💎 폴리곤 Polygon ($MATIC)

"이더리움을 돕는 조력자이자 독립 생태계 구축 중"

- 특징
  - 이더리움의 확장성 문제 해결을 위한 '레이어2' 솔루션
  - 빠른 처리 속도 + 낮은 수수료
  - 기업과 협업 지속 (메타, 나이키, 디즈니 등)
- 실사용 분야
  - NFT 발행 및 거래
  - 디파이 플랫폼과 DApp
  - 브랜드와의 협업 마케팅 (스타벅스 리워드 등)
- 투자 포인트
  - 이더리움과의 연동성 강점
  - 실사용 케이스가 빠르게 늘어남
  - 장기적 성장을 위한 독립 플랫폼 확장 시도

💎 체인링크 Chainlink ($LINK)

"블록체인을 현실 세계와 연결하는 데이터 브리지"

- 특징
  - '오라클' 기술: 외부 데이터를 블록체인으로 불러오는 연결 고리

- 모든 디파이 서비스에서 필수적인 데이터 제공자
- 수많은 프로젝트에서 체인링크를 인프라처럼 활용 중
- 실사용 분야
  - 탈중앙화 금융 가격 피드
  - 보험, 게임, 날씨 관련 서비스
  - 혼합형 스마트 계약 실행
- 투자 포인트
  - 유일무이한 역할
  - 디파이·NFT 등 여러 분야에서 사용 중
  - 장기적으로 실사용 수요 증가 가능성 큼

유망 알트코인 강약점

코인	주요 기능	강점	약점
SOL	초고속 블록체인	빠른 속도·저렴한 수수료	한때 네트워크 중단 경험
AVAX	확장성 중심 플랫폼	서브넷·기업 협력	경쟁 플랫폼 다수
ADA	학문 기반 블록체인	안정성·보안	느린 개발 속도
MATIC	이더리움 보조 플랫폼	실사용 증가·기업 협력	이더리움 의존성
LINK	블록체인 오라클	디파이 인프라	비교적 낮은 대중 인지도

요약 정리

- 알트코인 중에서도 기술력, 실사용성, 생태계를 갖춘 프로젝트들이 있다.
- SOL, AVAX, ADA, MATIC, LINK는 각자의 강점으로 다양한 분야에서 활용 중
- 단순히 가격이 아니라 '쓸모 + 성장 가능성'을 기준으로 보는 투자 습관이 중요하다.

따라 해보기

1. 내가 소개받은 5개 알트코인 중 가장 흥미로운 건 무엇인가?
2. 각 코인이 가진 **'실제 활용 예'**를 다시 찾아보며 이해해보자.
3. 단돈 1만 원이라도 체험용으로 소액 투자해보면 이해도가 확 올라간다!

알트코인은 위험하지 않을까
가격이 널뛴다던데 망할 수도 있는 거 아니냐고?

"솔직히 말해요. 알트코인 투자, 위험한 거 아니에요?"

초보자가 가장 먼저 던지는 질문이다. 정답부터 말하자면, 그렇다. 위험하다. 하지만 동시에, 가능성도 크다. 이 말은 부동산이나 주식, 심지어 창업이나 취업에도 해당된다. 그렇다면 알트코인은 어떤 점이 위험하고, 어떤 점이 유망할까? 그리고 어떻게 하면 이 리스크를 줄일 수 있을까? 지금부터 알아보자.

알트코인의 대표적인 위험 요소 5가지

① 가격 변동성
- 하루에 30퍼센트, 심하면 70퍼센트 이상 오르거나 떨어지기도 함
- 트위터, 유튜브 한 마디에 가격이 출렁이기도
- 예: 일론 머스크가 DOGE 관련 트윗 → 도지코인 급등·급락 반복

② 프로젝트의 생존 가능성

- 수천 개 코인 중 다수는 개발 중단/사기/실패로 사라짐
- 백서만 번지르르하고 실제는 아무것도 없는 경우도 많음
- 예: 루나-테라 사태, 수십조 원이 하루아침에 증발

③ 거래소 리스크
- 코인이 상장 폐지되면 매도 기회조차 없을 수 있음
- 거래소 자체가 해킹되거나 파산하는 경우도 존재
- 예: FTX 거래소 파산 → 고객 자산 인출 불가

④ 규제 불확실성
- 각국 정부가 코인을 어떻게 규제할지 예측 불가
- 법적 제재, 세금 부과, 특정 코인 금지 가능성 존재
- 예: SEC의 '증권' 분류 논란 → 리플, 솔라나, 폴리곤 등 하락

⑤ 정보 비대칭
- 초보자는 프로젝트의 기술력이나 방향성 파악이 어려움
- 유튜브, 커뮤니티에 올라온 정보는 '광고'인 경우도 많음
- 예: '이 코인 대박 납니다!' 영상 뒤에 지갑 물량 매도

그런데도 왜 많은 사람이 투자할까?
바로, 높은 잠재 수익률 때문이다. 주식시장에서 10년 걸릴 수익률을 알트코인은 몇 개월 안에 달성하기도 한다.

투자수단별 기대수익률

투자 수단	연간 기대 수익률(평균)
예금	2~4%
주식	7~10%
알트코인	-100% ~ +1000%

※ 알트코인은 수익률의 폭도, 리스크도 극단적이다.

그렇다면, 위험을 줄이는 방법은?
다음의 5계명을 지키면 도움이 된다.

① 기술과 실사용이 있는 코인만 고르기
단순한 '이야기'가 아니라, 실제 돌아가고 있는 앱과 생태계 중심

② 백서, 팀, 커뮤니티 확인
- 공식 홈페이지, 백서whitepaper, 개발자 활동 체크
- 깃허브GitHub나 트위터에서 최신 활동 유무 확인

③ 거래소 상장 코인 중 '검증된 프로젝트' 중심으로
- 코인마켓캡 · 코인게코에서 상위권 유지하는 코인 위주
- 너무 마이너하거나 생소한 코인은 일단 관망

④ 투자 금액은 '잃어도 되는 돈'으로만
- 생활비나 대출금은 절대 금지

- 전체 자산의 5~10퍼센트 이내에서만 소액 분산 투자

⑤ 단기 차익보다 '1~3년 장기적 시야'로
- 단타는 전문가도 어렵다
- 알트코인의 성장은 '기술 확산 + 수요 증가'라는 긴 여정

반면 실제 투자자들이 겪는 실수 Top 3가 있다.

1. "무조건 오른대서 샀는데 계속 빠져요…"
   ➡ 진입 타이밍 + 검증 부족
2. "유명 유튜버가 추천해서 샀어요"
   ➡ 광고성 콘텐츠일 수도
3. "0.1원짜리니까 오르면 100배겠지!"
   ➡ 공급량과 시총을 모르면 '착시' 가능성 있음

요약 정리

- 알트코인은 기회와 리스크가 공존하는 고위험 고수익 자산
- 가격, 프로젝트, 거래소, 규제 등 다양한 리스크 요소 존재
- 정보력과 분산투자, 리스크 관리가 투자자의 생존 전략
- 투기보다는 '기술 기반의 투자'로 관점을 바꾸자.

따라 해보기

1. 내가 지금 투자하려는 코인, 실사용 사례가 있는가?
2. 유튜브 정보만 보지 말고, 직접 백서를 찾아 읽어봤는가?
3. 한 코인에 '몰빵'하는 대신, 3~5개 정도로 나눠봤는가?

"사람은 이야기로 움직인다. 숫자는 그다음이다."
—사이먼 사이넥 (작가, 동기부여 연설가)

밈코인이란?(DOGE, SHIB, PEPE 등)
농담 같지만 진지한 세계

밈코인, 그게 뭐야?

'밈코인Meme Coin'이라는 말을 처음 들었을 때, 많은 사람이 이렇게 말한다.

"그거 장난 아니야?" "진짜 돈 되는 거 맞아?"

사실 이 질문, 절반은 맞고 절반은 틀리다. 밈코인은 인터넷 유머meme나 대중문화 코드에서 탄생한 암호화폐다. 말 그대로, '밈meme'을 기반으로 한 코인이다. 하지만 단순한 농담에서 시작했음에도, 어떤 밈코인은 수십조 원 이상의 시가총액을 만들었고, 수많은 사람에게 실질적인 수익을 안겨주거나, 반대로 큰 손실도 안겼다.

● 도지코인Dogecoin의 탄생

밈코인의 시작은 도지코인DOGE이다. 2013년, 두 명의 개발자-잭슨 팔머와 빌리 마커스-가 비트코인의 분위기를 풍자하기 위해 시바견 밈 doge meme을 코인에 적용해 농담처럼 만든 코인이 바로 도지코인이다.

- 시바견 그림 + Comic Sans 글씨체
- "wow", "such coin", "much decentralization" 같은 유행어
- 기능은 거의 비트코인과 비슷했지만, 블록 생성 속도가 훨씬 빠름

놀랍게도 이 코인은 실제 커뮤니티의 입소문을 타고 퍼지기 시작했고, 2019년 이후 일론 머스크의 '밈 트윗'에 힘입어 순식간에 시총 1위권에 들어서는 대박 코인이 되었다.

● 시바이누SHIB, 도지의 아류인가 후계자인가?

2020년에 등장한 시바이누SHIB는 도지코인을 따라 만든 또 다른 시바견 기반의 밈코인이다. 이 코인의 별명은 "도지코인 킬러". SHIB는 도지코인과 달리 이더리움 기반의 토큰(ERC-20)이며, 처음부터 디파이 생태계 구축, NFT 플랫폼, 메타버스 진출 등 실제 유틸리티를 목표로 설계되었다는 점에서 차별화된다.

- 총 발행량: 1경 개 (엄청난 양의 코인)
- 비탈릭 부테린(이더리움 창시자)에게 절반을 선물했다는 에피소드로 화제
- 이후 비탈릭은 SHIB 중 일부를 기부하고 소각

SHIB 역시 커뮤니티 중심의 급등으로 유명하며, 2021년에는 불과 몇 달 만에 1,000배 넘게 상승하기도 했다.

- **페페코인PEPE, 인터넷 짤방의 화려한 부활**

2023년 등장한 페페코인PEPE은 전 세계적으로 유명한 밈 캐릭터 '페페 더 프로그Pepe the Frog'를 활용한 코인이다.

- 별다른 실사용 목적 없이 오직 '밈' 그 자체에 집중
- 트위터, 텔레그램 등에서 단기간에 급속 확산
- 거래 시작 후 단 며칠 만에 수십 배 급등

페페코인은 밈코인의 파급력을 다시 한번 보여주며, 수많은 사람이 '단타'로 뛰어드는 현상을 불러일으켰다. 하지만 동시에, 개발자의 익명성, 팀의 구조, 목적성 없는 운영 등으로 인해 많은 전문가가 "투기 그 이상도 이하도 아니다"라고 평가하기도 했다.

그럼에도 불구하고, 왜 밈코인은 인기가 많을까?

밈코인의 공통점

항목	내용
출발점	재미, 유머, 짤방 등 대중적 '밈'에서 출발
가격 형성	실사용보다는 커뮤니티 열기, 입소문, 유행성
개발팀	익명 또는 실명 불명확한 경우 많음
실사용	대부분 없음. 있더라도 후속으로 개발하는 경우
거래량	인기 시점에는 주요 거래소 상장, 높은 거래량 기록
위험성	가격 폭등 후 급락, 개발팀 잠적 등 다수 사례 존재

① 단타 수익 기대감
- 0.00001원짜리 코인이 1원이 되면?→100,000배!

② 참여심리
- '나도 이 유행에 한몫하고 싶다'는 SNS 유저의 심리

③ 낮은 진입장벽
- 가격이 워낙 싸서, 소액으로도 수십만 개 보유 가능
- 1만 원만 투자해도 '백만장자 된 기분' 효과

④ 커뮤니티의 힘
- 일론 머스크가 '좋아요' 한 번 눌러도 폭등
- 전 세계 밈 팬들의 자발적 바이럴

> **요약 정리**
> - 밈코인은 재미 + 유행 + SNS 커뮤니티 기반의 암호화폐
> - 도지코인을 시작으로 시바이누, 페페 등 다양하게 확장
> - 실사용보다는 '이야기'와 '집단 심리'가 가격을 움직임
> - 기술보다 감정, 논리보다 밈. 투자보다는 참여에 가까움

따라 해보기

1. 내가 흥미를 가진 밈코인은 어떤 이야기에서 시작됐을까?
2. 실제로 어떤 커뮤니티(SNS, 트위터, 텔레그램 등)가 존재할까?
3. 이 코인의 '밈'이 얼마나 지속될 수 있을지 한 번 생각해 보자.

커뮤니티가 만든 코인의 위력
개발자보다 커뮤니티가 코인의 미래를 결정한다!

밈코인은 기술보다 사람이다

비트코인은 탈중앙화된 기술이 코인을 움직인다. 그러나 밈코인은 탈중앙화된 감정이 코인을 움직인다. 다시 말해, 밈코인의 진짜 엔진은 코드를 짠 개발자가 아니라 그 코인을 웃기고, 퍼뜨리고, 믿고, 응원하는 '커뮤니티'라는 집단이다. 암호화폐에서 말하는 '커뮤니티'는 단순한 팬클럽이 아니다. 그 코인의 존재 이유를 만들고, 의미를 부여하고, 심지어 가격을 결정짓는 핵심 동력이다.

커뮤니티는 다음과 같은 일을 한다.

- 코인을 홍보하고 밈을 만들어 퍼뜨린다.
- 트위터, 텔레그램, 디스코드에서 전략을 공유한다.
- 바이낸스, 코인베이스 상장을 요구하며 '청원 운동'을 벌인다.
- 개발자보다 먼저 로드맵을 기대하고, 스스로 콘텐츠를 만든다.

실제 사례로 보는 커뮤니티의 위력

① 도지코인 – 일론 머스크 팬덤과 '도지 아미'
- 도지코인의 상승은 대부분 SNS 팬덤이 주도
- 일론 머스크가 "Dogecoin is the people's crypto"라고 트윗하자 전 세계 도지 투자자들이 #DOGEArmy 해시태그로 결집
- 도지코인으로 우주선 발사 비용을 내자는 프로젝트까지 등장
- 가격은 기술이 아니라, '공감'이 움직인다.

② 시바이누 – 익명 개발자 대신 팬들의 자발적 확산
- SHIB는 이더리움 기반의 '토큰'으로 시작했지만 홍보나 마케팅 비용이 거의 없었다.
- 그럼에도 불구하고, 수백만 명의 홀더가 생기고
- SHIB Swap, SHIB Metaverse 같은 생태계가 구축된 것은 전부 커뮤니티가 덕분이다.

커뮤니티가 만든 유튜브 영상, 밈 이미지, SNS 챌린지, 기부 캠페인 등이 시장을 자극했고, 거래소도 결국 상장을 해줬다.

③ 페페코인 – 개발자 이름 없이도 바이럴 성공
- PEPE는 거의 '팀 정보'도 없이 론칭된 프로젝트
- 그러나 짤방 하나로 트위터를 점령했고, 전 세계 유튜버들이 분석 영상을 올리며 급등
- 며칠 만에 시가총액 수천억 원, 대형 거래소 상장
  ➡ 이 모든 건 커뮤니티의 힘으로만 일어난 일이다.

커뮤니티의 '좋은 힘'과 '위험한 힘'

장점	설명
자발적 확산력	홍보 비용 없이도 빠르게 퍼짐
유행성	짧은 시간 내 폭발적인 거래량 형성
진입장벽 낮음	초보자도 쉽게 참여 가능
심리적 연결감	"우리 모두 한 배 탔다"는 소속감 형성

단점	설명
감정적 투자 유도	근거 없는 FOMO(놓칠까 봐 불안한 심리) 조장
루머에 쉽게 반응	트윗 하나에 폭등하거나 폭락
조작 가능성	개발자 혹은 큰 고래가 커뮤니티 가장 가능성 존재
장기적 지속 어려움	유행이 지나면 빠르게 붕괴 가능성 ↑

💰 요약 정리

- 밈코인의 진짜 주인은 개발자가 아니라 커뮤니티다.
- 수많은 성공 사례는 커뮤니티의 집단 창작력, 바이럴력, 확산력 덕분
- 그러나 그만큼 감정적 과열, 루머, 급락 위험도 공존
- 커뮤니티의 움직임을 읽는 것이 밈코인 투자에서 가장 중요한 정보

따라 해보기

1. 내가 관심 있는 밈코인의 디스코드, 트위터, 텔레그램은 활성화돼 있는가?
2. 단순한 가격 말고, 사람들이 말하는 이야기와 흐름에 집중해보자.
3. 커뮤니티 안에 있으면서도 차분한 관찰자가 되어보는 연습!

밈코인의 장점과 리스크
대박날 수도, 순식간에 사라질 수도 있는 양날의 검

밈코인의 장점: "이래서 다들 한 번쯤은 손대 본다"

밈코인이 인기를 끄는 이유는 단순하다. 재미있고, 싸고, 급등의 희망이 있기 때문이다. 실제로 많은 투자자들이 밈코인으로 큰 수익을 냈고, 초보자들도 쉽게 접근했다. 다음은 대표적인 장점들이다.

① 진입장벽이 낮다
- 대부분의 밈코인은 개당 가격이 매우 낮다.
  예: 0.00001원처럼 단위가 작은 경우가 많다.
- 소액으로도 수십만 개, 수백만 개를 보유할 수 있다.
  😊 "만원만 넣어도 백만장자 기분!"

② 커뮤니티 파워로 가격 급등 가능
- 단순한 정보 하나로도 가격이 수십 배 상승

- 유튜브, 트위터, 틱톡 등 SNS 파급력이 크다.
- 사람들의 입소문이 가장 강력한 홍보수단
  - 😊 도지코인, SHIB, PEPE 모두 커뮤니티가 만들었다.

③ 실적보다 이야기 중심이라 '몰입'이 쉽다
- 기술, 백서, 팀 구성보다도 '스토리'가 중심
- 시바견, 개구리, 고양이 등 유머와 감성이 결합됨
- 개인 투자자도 "나도 같이 만들어가고 있다"는 느낌을 받는다
  - 😊 "밈은 곧 문화이자 참여다"

④ 때로는 사회적 메시지를 담기도 한다
- 기부, 반전, 환경운동, 약자 보호 등
- 밈코인을 통해 세상을 바꾸겠다는 프로젝트도 있다.
- 예: 일부 밈코인은 동물 보호단체에 기부하거나, NFT와 연계

밈코인의 리스크: "90퍼센트는 재미로, 10퍼센트는 운으로"
하지만 현실은 냉정하다. 밈코인은 대박도 많지만 쪽박은 그보다 훨씬 많다. 다음은 밈코인 투자 시 가장 조심해야 할 리스크다.

① 가격이 '커뮤니티 심리'에만 의존한다
- 실체나 기술보다도 사람들이 열광하면 오르고, 식으면 급락한다.
- 시장에서 가장 예측이 어려운 자산
  - 😊 "웃자고 만든 밈이, 울게 만드는 폭락이 된다."

② 개발자와 프로젝트 팀 정보가 불투명하다

- 많은 밈코인은 익명 개발자들이 만든다.
- 로드맵, 기술 문서, 백서조차 부실하거나 없음
- '펌핑' 후 팀이 사라지는 경우도 흔함 → 러그풀 rug pull
  - 😊 "만든 사람조차 책임지지 않는다."

③ 상장폐지의 위험

- 거래소가 관심을 끊으면 거래 자체가 불가능
- 유동성이 사라지면, 팔고 싶어도 팔 수 없다.
- 특히 소규모 거래소 한정 상장된 코인은 주의
  - 😊 "내 지갑 속 코인이 귀신처럼 남게 된다."

④ 정보 비대칭과 루머에 민감하다

- 투자 정보 대부분이 SNS, 유튜브 등 비공식 채널
- 쉽게 조작되거나, 잘못된 정보가 퍼지기 쉬움
- 초보자일수록 '떡상 확정' 같은 문구에 취약
  - 😊 "정보는 마케팅이자 함정일 수 있다."

실제로 있었던 밈코인 실패 사례

아예 사라진 코인들이 있다.

- Squid Game Coin: 넷플릭스 드라마 인기에 편승 → 투자자 돈 들고 잠적

- Akita Inu, Kishu Inu: 도지코인 아류로 급등 후 급락
- SafeMoon: 수많은 유명인 홍보에도 불구하고 하락 지속

이들은 대체로 다음과 같은 패턴을 갖는다.

출시 → SNS에서 이슈 → 가격 급등 → 개발자/팀 이탈 → 가격 폭락 →잊힘

밈코인 투자 전에 반드시 확인할 체크리스트

체크 항목	설명
커뮤니티 활동이 실제로 활발한가?	텔레그램, 디스코드, 트위터 확인
백서나 로드맵이 있는가?	최소한의 프로젝트 설명은 존재해야
개발자나 운영팀은 실명 공개 상태인가?	익명일 경우, 신뢰도 낮음
거래소 상장이 한 군데 이상인가?	특정 거래소만 상장일 경우 유의
펌핑-덤핑(급등 후 매도 흔적)은 없는가?	거래량 급변 여부 확인 필요

요약 정리

- 밈코인은 진입이 쉽고, 급등 가능성이 크지만
- 그만큼 정보 불투명, 급락, 상장폐지 위험도 크다.
- 투자 전에는 기술보다 '사람들의 열기'가 얼마나 지속될지를 판단해야
- 재미는 좋지만, 절대 재산 전부를 걸 만한 자산은 아니다.

따라 해보기

1. 투자하려는 밈코인, 트위터에서 #해시태그 검색해보기
2. '공식 웹사이트'에 접속해 팀, 백서, 커뮤니티 유무 확인
3. 내가 지금 기대하는 수익률이 현실적인지 생각해 보기

밈코인 투자, 해도 될까?
가볍게 들어가고, 무겁게 빠져나오는 사람들

"밈코인 투자, 진짜 해도 될까요?"

이 질문은 수많은 초보 투자자들이 처음으로 던지는 고민이다. 특히 도지코인, 시바이누, 페페 같은 밈코인들이 뉴스에 오르고, 단기간 수십 배 급등했다는 이야기를 들으면 '나도 한번 해볼까?' 하는 유혹이 생기기 마련이다. 하지만 정말 중요한 건 이것이다. "내가 이걸 투자라고 생각하는가, 아니면 단순한 유행 참여인가?"

밈코인 투자, 해도 되는 사람 vs 안 되는 사람

밈코인은 실력이 아니라 운과 타이밍이 대부분인 영역이다. 투자 전에 다음 표를 참조해 자신을 한 번 돌아보자.

주식과 비트코인 특성 비교

구분	해도 되는 사람	안 되는 사람
목적	수익보다 '경험'	한 방에 인생역전
투자금	잃어도 되는 여윳돈	생활비, 학자금, 대출금
판단 기준	커뮤니티 흐름과 유행 읽기	유튜브 말만 믿고 전부 올인
태도	올라가도 욕심내지 않음	'이번엔 다르다' 착각함
전략	짧게 들어가고 짧게 나온다	끝까지 들고 있다가 폭락

"소액으로 연습, 그리고 빠른 판단"

밈코인은 다른 자산과 달리 기초 분석이나 펀더멘털 평가가 어렵다. 따라서 다음과 같은 전략이 가장 많이 추천된다.

① 최대 투자금 = 잃어도 괜찮은 소액

예) 10만 원 정도로 '연습 삼아' 경험해보기

② 수익이 2~3배 났을 때 일부 매도

밈코인은 대부분 초반 상승 후 급락하는 구조이기 때문

③ 커뮤니티 분위기가 식기 전에 빠져나오기

트위터, 텔레그램 등에서 언급량이 급감하면 조기 탈출 신호

투자자들이 범하는 가장 흔한 실수는 이런 것들이다.

- "0.00001원이 1원이 되면 100,000배!"
  - ➡ 현실은 0.00001원이 0.000001원이 되는 게 더 빠르다.
- "일론 머스크가 도지 밀어주니까 더 오를 거야!"
  - ➡ 트윗 한 번으로 가격이 급등했던 시대는 지나가고 있다.
- "이건 커뮤니티가 탄탄해서 절대 안 떨어져"
  - ➡ 커뮤니티는 열광보다 이탈이 빠르다.

밈코인 투자는 도박이 아니지만 도박과 비슷하게 흘러간다. 때문에 판단 실수를 막기 위해서는 다음과 같은 리스크를 반드시 기억해두어야 한다.

- 밈코인은 개발팀이 언제든 떠날 수 있다
- 기술이 없기 때문에 생존 자체가 커뮤니티에 달렸다
- 거래소에서 상장 폐지되면 팔 수 없게 된다
- 한국 법상 보호받을 수 있는 구조가 거의 없다

밈코인 투자는 커뮤니티와의 짧은 연애라고도 할 수 있다. 장기적인 관계가 아니라, 유행이 타오를 때만 잠깐 스쳐가는 불꽃 같은 인연. 밈코인은 그런 존재다. 그래서 너무 큰 기대를 하면 실망도 크고, 너무 깊게 빠지면 회복도 어렵다. 그러니 투자 전에 스스로에게 다음의 질문 5가지를 스스로에게 꼭 던져보자.

1. 지금 내가 이 코인을 사려는 이유는 '정보'인가, '충동'인가?

2. 이 코인이 내 투자 포트폴리오의 몇 %를 차지하나?

3. 이 돈을 잃어도 마음이 괜찮을까?

4. 이 코인의 커뮤니티는 지금도 활발히 움직이는가?

5. 만약 내일 이 코인이 90퍼센트 하락해도 버틸 수 있는가?

> **요약 정리**
>
> - 밈코인은 본래 유머와 패러디에서 시작된 코인으로, 실용성보다는 커뮤니티의 열광과 밈 문화에 기반해 가격이 급등락한다.
> - 단기간의 수익을 노릴 수 있지만, 대부분 장기적인 생존력은 낮고 투기성이 크다.
> - 정보가 부족하거나 유행만 따라 투자하면 손실을 볼 가능성이 매우 크다.
> - 철저한 리서치와 리스크 감수 능력이 없다면, 접근을 자제하는 것이 현명하다.

따라 해보기

1. 밈코인 프로젝트 백서WP를 읽어본다.
   - 공식 홈페이지 또는 코인마켓캡CoinMarketCap에서 백서를 찾아 실제 사용 목적이 있는지, 토큰 이코노미가 존재하는지 확인해 본다.
2. 밈코인의 커뮤니티 분위기를 파악한다.
   - X(구 트위터), 텔레그램, 디스코드 등에서 활동량, 유저들의 신뢰 수준, 과도한 펌핑 조장이 있는지 살펴본다.
3. 1만 원 정도 소액으로 테스트 투자해 본다.
   - 실제 돈이 들어가면 시장 변동성에 어떻게 반응하게 되는지를 스스로 체험할 수 있다. 다만 잃어도 되는 돈만 사용할 것.
4. 수익을 내더라도 '운이었다'고 생각하자.
   - 밈코인 수익은 실력보다도 '타이밍'에 좌우된다. 수익을 냈다고 해서 자신감에 무리한 금액을 투자하면 반드시 위험해진다.

7장 스테이블코인이 뭐야?

"화폐의 가치는 그것을 믿는 사람들의 집단적 상상에 달려 있다."
—유발 하라리 (역사학자)

가격이 안 변하는 코인?
변동성의 바다에서 만난 작은 정박지

"코인인데 가격이 안 변해요?"

처음엔 누구나 고개를 갸웃하게 된다. 암호화폐는 시세가 들쭉날쭉한 자산인데, 스테이블코인Stable coin은 다르다. 이름 그대로 '가격이 안정된 코인', 즉 시세가 일정한 암호화폐다. 가장 대표적인 스테이블코인은 USDT(테더)와 USDC(USD코인)다. 이 코인들은 주로 미국 달러USD에 1:1로 가격이 고정되도록 설계되어 있다. 예를 들어, '1USDT≒1달러',

'1USDC≒1달러'로 보면 된다. 즉, 비트코인처럼 하루에 몇 퍼센트씩 요동치는 자산이 아니라, 언제 사도 거의 1달러에 가까운 가치를 유지하는 게 핵심이다. 그래서 스테이블코인은 종종 "디지털 달러" 혹은 "블록체인 위의 달러"라고도 불린다.

왜 이런 코인을 만들었을까?

간단하다. 기존 암호화폐의 '가격 변동성' 문제를 해결하기 위해서다. 비트코인이나 이더리움처럼 가격이 심하게 변하면, 일상적인 결제나 송금, 혹은 투자 기준으로 쓰기 어렵다. 그래서 등장한 것이 가치가 고정된 암호화폐, 바로 스테이블코인이다. 스테이블코인을 쓰면,

- 송금 시 환율 걱정 없이 1:1로 보낼 수 있고,
- 투자 시 매도 후 안정적으로 자산을 보관할 수 있으며,
- 입출금 시 전통 금융보다 빠르고 유연하게 거래가 가능하다.

현실 세계에서 '달러'가 기축통화라면, 암호화폐 세계의 기축통화는 스테이블코인인 셈이다.

요약 정리

- 스테이블코인은 가격이 고정된 암호화폐다.
- 주로 1달러와 1:1로 연동되며, 대표적으로 USDT, USDC가 있다.
- 가격 변동성이 거의 없기 때문에, 송금, 결제, 투자 대기 등에 유용하다.
- 암호화폐 시장에서는 기축통화 역할을 한다.

따라 해보기

1. 코인마켓캡(www.coinmarketcap.com)에 접속해 상위 10위 안에 있는 스테이블코인을 찾아보자.
   → USDT, USDC 외에도 어떤 스테이블코인이 있는지 메모해 보자.
2. 국내 거래소(예: 업비트, 빗썸)에 로그인해 USDT 마켓이 있는지 확인해 보자.
   → 어떤 코인을 USDT로 사고팔 수 있는지 살펴보며, 스테이블코인이 시장에서 어떤 역할을 하는지 감이 잡힐 것이다.

대표적인 스테이블코인들: USDT, USDC, DAI
이름은 다르지만, 목표는 하나

스테이블코인에도 종류가 많다. 하지만 그중에서도 전 세계 거래량의 대부분을 차지하는 '빅3'는 다음과 같다.

① USDT(Tether)
- 가장 오래되고, 가장 많이 쓰이는 스테이블코인.
- 발행사는 Tether Ltd., 홍콩에 본사를 두고 있다.
- 달러와 1:1 연동되어 있고, 다양한 거래소에서 기본 거래 단위로 사용된다.
- 다만, 준비금 투명성 논란이 몇 차례 있었던 만큼, 기관투자자보다는 개인들이 주로 사용한다.

② USDC(USD Coin)
- 미국의 Circle과 Coinbase가 공동 발행한 스테이블코인.
- 규제 친화적이고 투명한 준비금 운영으로 신뢰도가 높다.
- 은행 수준의 회계감사를 정기적으로 진행하고, 기관투자자들도 자주 활용한다.

③ DAI(다이)
- 위 두 코인과 달리, 탈중앙화 방식으로 운영되는 스테이블코인.
- MakerDAO라는 디파이 프로젝트에서 운영하며, 담보 자산을 맡기고 발행하는 구조.
- 즉, 법정화폐가 아니라 이더리움 같은 암호화 자산을 담보로 발행된다.
- 변동성이 있는 자산으로 고정 가치를 유지하는 스마트 컨트랙트의 집합체라 할 수 있다.

> 요약 정리
>
> 스테이블코인의 대표 3종은 USDT, USDC, DAI이다.
> - USDT: 거래량 1위, 보편적으로 사용되지만 투명성 이슈 있음.
> - USDC: 규제 친화적이며 회계 투명성이 뛰어나 기관 선호
> - DAI: 이더리움 기반의 탈중앙 스테이블코인, 디파이 대표주자

> 따라 해보기

1. 코인마켓캡에서 USDT, USDC, DAI 세 가지를 각각 검색해 시가총액, 유통량, 발행 주체 등을 비교해 보자.
2. 디파이 대시보드(예: defillama.com)에 접속해 DAI가 사용되는 디파이 프로토콜을 살펴보자.
   → 탈중앙 방식의 의미가 실생활에서 어떻게 작동하는지 이해하는 데 도움이 된다.

스테이블코인, 어떻게 발행되지?
진짜 1달러일까, 믿음으로 지탱된 1달러일까?

스테이블코인이 단순히 "1달러와 같게 유지된다"는 말을 들으면, 어떻게 그 가치를 항상 1달러로 고정시킬 수 있는지 의문이 생긴다. 그 비밀은 '발행 구조'와 '담보 메커니즘'에 있다.

① 법정화폐 담보형 Centralized
- 가장 일반적인 방식.
- 1개의 스테이블코인을 발행하려면, 실제 1달러를 준비금으로 보관한다.
- USDT나 USDC가 대표적이며, **회사(중앙화된 기관)**가 자산을 관리한다.
- 회계감사를 통해 준비금이 1:1로 보관되고 있는지 투명성 확보가

필요하다.

② **암호화폐 담보형**Crypto-collateralized
- 법정화폐 대신, 이더리움 같은 암호화폐를 담보로 맡기고 발행하는 구조.
- 예: DAI는 사용자가 ETH를 스마트컨트랙트에 예치하고, 그에 해당하는 DAI를 발행.
- 담보 가치가 하락할 경우 자동으로 청산되도록 설계돼 있음.
- 탈중앙화 시스템에서 발행되므로, 투명하지만 복잡한 구조.

③ **알고리즘 기반**Algorithmic
- 담보 없이, 알고리즘과 시장 메커니즘만으로 가격을 유지하는 방식.
- 예: 루나 – 테라USD(UST) 구조가 대표적 사례.
- 디마케팅(공급량 조절), 수요 조절 알고리즘 등을 통해 1달러에 맞춤.
- 하지만 UST 붕괴 사태처럼 신뢰를 잃으면 순식간에 무너질 수 있다.

요약 정리

- 스테이블코인은 어떻게 발행하고 유지하느냐에 따라 크게 세 가지로 나뉜다.
- 법정화폐 담보형: 실제 돈을 맡기고 발행. 신뢰성 높지만 중앙화됨.
- 암호화폐 담보형: 탈중앙 방식, 스마트 컨트랙트로 자동 운영됨.
- 알고리즘 기반: 담보 없이 수요-공급 조절. 실패 사례도 있음(예: 루나 사태).

따라 해보기

1. 각 방식에 따라 어떤 리스크가 따를 수 있을지 생각해 보자.
   (예: 담보 자산 급락, 발행사의 부도, 알고리즘 실패 등)
2. 코인마켓캡에서 스테이블코인들을 발행 구조별로 분류해 보자.
   "이 코인은 어떤 구조로 만들어졌을까?"를 스스로 구분해보는 훈련이다.

스테이블코인의 장점과 리스크
안정성 뒤에 숨겨진 불안정성

스테이블코인은 가격이 고정되어 있다는 특징 때문에 비트코인이나 이더리움처럼 출렁이지 않아, 안정적이고 실용적이다. 하지만 완벽하지는 않다. 구조와 운영 방식에 따라 위험 요소도 존재한다.

우선 다음과 같은 스테이블코인의 장점을 들 수 있다.

1. 가격 안정성
   - 거래나 결제, 송금 등에 사용할 때 변동성 부담 없이 활용 가능하다.
   - 디파이DeFi 생태계에서 기본 통화 역할을 한다.
2. 빠르고 저렴한 글로벌 송금
   - 은행 없이도 몇 분 안에 전 세계로 송금이 가능하다.
   - 수수료도 매우 저렴하거나 없다.
3. 디지털 금융 시스템의 연결 고리
   - 암호화폐와 실물경제를 연결하는 중간 매개체로 작용한다.

- 많은 거래소들이 기축통화처럼 사용한다 (예: BTC/USDT).
4. 디파이·NFT 등 다양한 응용 가능성
    - 담보 대출, 스테이킹, 보험, NFT 거래 등에서 핵심 수단으로 활용된다.

이러한 여러 장점에도 불구하고 다음과 같은 리스크가 있을 수 있다.

1. 담보 자산 리스크
    - 법정화폐 담보형: 준비금이 제대로 존재하는지 신뢰가 중요하다.
      (감사 부실, 기업 부도 가능성)
    - 암호화폐 담보형: 담보로 잡은 암호화폐 가격 급락 시 청산 위험 존재.
2. 운영 투명성 부족
    - 중앙화된 스테이블코인은 발행 주체가 자산을 어떻게 관리하는지 정보가 불투명하면 의심을 살 수 있다.
3. 알고리즘 실패 위험
    - 알고리즘 기반은 수요·공급 조절이 실패하거나 신뢰가 깨지면 폭락 사태(예: 루나-UST 사건)가 발생할 수 있다.
4. 규제 리스크
    - 각국 정부가 스테이블코인을 불법 지급수단으로 판단하거나, 엄격한 규제를 도입하면 운영이 어려워질 수 있다.

> 📑 **요약 정리**
> - 스테이블코인은 가격이 고정돼 있어 암호화폐 중 가장 실용적이다.
> - 글로벌 송금, 디파이 활용, 금융 연결고리 역할이 크다.
> - 하지만 운영 방식과 신뢰, 그리고 규제 리스크가 항상 따라붙는다.

따라 해보기 👍

1. 대표적인 스테이블코인 3개를 골라 각각의 장점과 단점을 적어 보자.
   (예: USDT, USDC, DAI)
2. 아래 키워드를 가지고 뉴스 검색을 해보자.
   '스테이블코인 규제' '스테이블코인 리스크'
   실제 사례를 확인하며 어떤 문제들이 발생했는지 알아보자.

스테이블코인, 투자해도 될까?
오르진 않지만, 사라질 일도 거의 없다

스테이블코인은 가격이 거의 변하지 않기 때문에 시세 차익을 노릴 만한 투자 대상은 아니다. 하지만 '안정적인 자산 보관처' 또는 '이자를 받는 금융상품'의 개념으로 보면 특정 상황에 따라 충분히 투자 또는 활용 가치가 있다.

그렇다면 어떤 경우에 유용할까?

1. 현금처럼 보관하고 싶을 때

- 암호화폐 시장이 하락할 것 같을 때, 비트코인을 팔고 스테이블코인에 묶어두는 전략이 쓰인다.
- 다시 매수 타이밍이 왔을 때 바로 교환 가능하다.

2. 수익형 상품에 예치할 때
   - 거래소나 디파이 플랫폼에서는 USDT, USDC 같은 스테이블코인을 예치하면 연 5~15% 이자를 받을 수 있는 상품들이 있다.
   - 일반 은행 예금보다 훨씬 높은 수익률이다.

3. 디파이 투자에서 활용할 때
   - 담보 대출, 유동성 공급 등에 안정적인 자산으로 기여할 수 있다.
   - 특히 큰 가격 변동 없이도 디파이 수익을 올릴 수 있다는 장점이 있다.

그러나 스테이블코인에 투자할 때 주의할 점이 없지 않다.

1. 이자율이 높은 상품은 리스크도 높다
   - 디파이 플랫폼은 해킹 위험, 청산 위험 등이 존재한다.
   - 수익률만 보고 무작정 예치하면 원금 손실 가능성도 있다.

2. 환매 불가 사태
   - 일부 스테이블코인은 유동성이 낮거나, 운영 문제가 생겨 환전이 지연되거나 아예 불가능할 수 있다.

3. 규제 변화에 민감하다
   - 정부 정책에 따라 갑자기 사용 불가능해지거나 법적 이슈가 생길 수도 있다.

- 특히 국외 발행 스테이블코인은 한국에서 예금처럼 보장되지 않는다.

> 요약 정리
>
> - 스테이블코인은 가격이 거의 변하지 않아 단기 수익보다는 자산 보존에 적합하다.
> - 고이율 예치 상품 등을 활용하면 수익형 자산으로 활용 가능하지만, 디파이 리스크와 운영 불안정성은 반드시 고려해야 한다.

따라 해보기

1. 내가 보유한 스테이블코인을 디파이 플랫폼에 예치했을 때 어떤 수익률과 리스크가 있는지 직접 비교 분석해 보자.(예: 바이낸스 Earn vs AAVE vs Curve 등)
2. '스테이블코인 예치 상품'을 검색해 실제 플랫폼의 수익률, 잠재적 위험 요인을 찾아보고 '내가 해도 괜찮은가?' 체크리스트를 만들어 보자.

"모든 여정은 첫걸음에서 시작된다."
-노자

국내 거래소와 해외 거래소 차이
코인을 어디서 사야 하지?

코인을 사고 싶어졌다면, 가장 먼저 해야 할 일
"나도 코인 좀 사볼까?" 하는 마음이 들었다면 제일 먼저 고민해야 할 건 바로 이거다.

"어느 거래소를 이용할 것인가?"

주식이든 코인이든, 자산을 거래하려면 '시장'이 필요하다. 우리는 이 시장을 '거래소Exchange'라고 부른다. 그런데 이 거래소는 국내 거래소와 해외 거래소로 나뉜다. 처음 코인 세계에 들어오는 초보자 입장에서는 둘 중 어디를 써야 할지 막막할 수밖에 없다. 지금부터 국내 거래소와 해외 거래소의 차이점, 장단점, 선택법을 하나씩 차근히 살펴보자.

국내 거래소란?

국내 거래소는 대한민국 금융 당국의 법적 테두리 안에서 운영되는 거래소다. 대표적인 곳으로는 다음과 같은 플랫폼이 있다.

- 업비트Upbit
- 빗썸Bithumb
- 코인원Coinone
- 고팍스Gopax 등

이들은 모두 한국 원화KRW 입출금을 지원하고, 휴대폰 인증, 신분증 제출 등 실명인증을 요구한다.

해외 거래소란?

해외 거래소는 우리나라가 아닌 외국에서 설립·운영되는 거래소다. 대부분 영어 기반이며, 다양한 글로벌 코인들이 거래된다. 대표적인 해외 거래소는 다음과 같다.

- 바이낸스Binance
- 쿠코인KuCoin

- OKX, Bybit, Gate.io 등

이들은 원화 거래는 불가하고, 대부분 USDT(달러 연동 코인) 등으로 코인을 사고 판다.

국내 vs 해외 거래소 핵심 비교

구분	국내 거래소	해외 거래소
설립국	대한민국	해외 (싱가포르, 홍콩 등)
언어	한국어	영어 중심 (일부 한국어 지원)
입출금	원화 가능	원화 불가 (코인만 입출금)
인증	실명 확인 의무	대부분 이메일/ 구글 OTP로 가능
규제	정부 규제 받음	상대적으로 자유롭지만 위험성 있음
상장코인 수	100~200개 내외	500~1,000개 이상
사용 편의성	초보자 친화적	다소 복잡할 수 있음
고객센터	전화·카카오톡 등 대응	이메일 중심, 느린 응답 가능성
기타	원화 입출금 제한 시 자주 뉴스에 오름	일부 국가 서비스 제한 있음 (KYC 필요)

국내 거래소의 장점

1. 원화로 바로 입금 가능→투자 시작이 빠름
2. 한글 지원→초보자도 사용하기 쉬움
3. 정부가 규제 중→일정 수준의 신뢰도 확보
4. 고객센터가 존재→문제가 생기면 문의 가능

국내 거래소의 단점

① 상장 코인 수가 적다
- 특히 신생 코인이나 해외 인기 코인이 늦게 상장됨

② 규제가 많아 자주 입출금 제한
- 갑작스러운 은행 제한, 지갑 점검 등으로 불편할 수 있음

③ 거래 수수료가 다소 높은 편
- 대부분 0.05~0.2퍼센트 수준의 거래 수수료

해외 거래소의 장점

① 다양한 코인 거래 가능
- 신생 코인, 밈코인, 디파이 토큰 등 조기 투자 가능

② 거래량이 많고 유동성이 좋음
- 특히 바이낸스는 세계 최대 거래소로 거래 속도도 빠름

③ 파생상품, 선물, 스테이킹 등 다양한 투자 옵션

해외 거래소의 단점

① 한국 원화 입금 불가
- 국내 거래소에서 코인을 사서 해외 거래소로 보내야 함

② 영어 기반 플랫폼
- 초보자에겐 다소 진입장벽

③ 사고 발생 시 대응 어려움
- 계정 해킹, 입출금 오류 시 해결이 쉽지 않음

④ 정부의 보호를 받기 어려움
- 법적 다툼 발생 시 국내 소송 불가

초보자에게 추천하는 거래소 선택법

처음부터 해외 거래소를 사용하는 건 추천하지 않는다. 입금 방법, 출금 오류, 고객지원 문제로 멘붕이 올 가능성이 있기 때문이다. 따라서, 다음 방식을 권한다.

- 코인 초입문자라면 → 업비트, 빗썸 등 국내 거래소부터 시작하기
- 좀 익숙해졌다면 → 바이낸스나 쿠코인 등을 병행하며 경험 확장

🎯 **실전 팁**

① 국내 거래소에서 원화로 코인을 산 후 → 해외 거래소로 전송하여 다양한 코인을 거래하는 방식이 가장 일반적이다.
② 구글 OTP, 보안 설정을 반드시 활성화
  - 특히 해외 거래소는 해킹 위험이 상대적으로 높다.
③ 정지·점검 공지 자주 확인하기
  - 거래소는 자주 '점검'을 진행하며, 이때 입출금이 막힐 수 있다.

💰 **요약 정리**

- 국내 거래소는 안정성과 접근성이 좋다.
- 해외 거래소는 코인 다양성과 거래 기능이 우수하다.
- 초보자는 국내 거래소부터, 이후 해외 거래소도 천천히 시도하자.
- 거래소는 단순한 플랫폼이 아니라,
- 내 돈을 맡기는 '은행' 이상의 신뢰성이 필요하다.

따라 해보기

1. 국내 거래소(업비트, 빗썸 등)와 해외 거래소(바이낸스 등)의 웹사이트를 직접 방문해 본다.
2. 회원가입 절차, 거래 가능 코인 수, 수수료 구조를 비교해 표로 정리해 본다.
3. 특정 코인이 국내에 상장되어 있는지 확인해 본다. 예: PEPE 코인은 국내 거래소에 있는가?

업비트에서 가입하고 코인 사기
카카오톡만 있어도 시작할 수 있다!

Step 1. 업비트란?

업비트Upbit는 한국에서 가장 많이 사용하는 가상자산거래소다. 카카오 계열사인 두나무가 운영하고 있으며, 카카오톡 연동을 통해 간편하게 가입할 수 있어 초보자에게 가장 친숙한 플랫폼으로 손꼽힌다.

✅ 장점
- 카카오톡으로 간편 가입
- 원화 입출금 가능 (은행 연동 필수)
- UI/UX가 깔끔해서 사용이 쉽다
- 국내 코인 투자자의 1순위 거래소

Step 2. 가입하기(회원가입)

① 업비트 앱 설치
- 플레이스토어(안드로이드)/ 앱스토어iOS에서 '업비트' 검색 후 설치

② 카카오 계정으로 로그인
- 업비트는 카카오 계정을 기반으로 로그인
- 카카오톡 연동을 통해 본인 인증

③ 이메일, 이름 등 기본 정보 입력
- 실명 입력 필수
- 가상자산은 '실명 확인 입출금 계좌제' 적용 대상

Step 3. 신원 인증 및 보안 설정

① 휴대폰 인증
- 본인 명의의 휴대폰 번호 입력 → 문자 인증

② 신분증 인증
- 주민등록증 또는 운전면허증 사진 업로드
- 자동 인식되며 보통 5~10분 내 인증 완료

③ 거래 비밀번호 설정
- 업비트 앱 사용 시 항상 필요한 6자리 PIN 코드

④ 2단계 보안 인증(OTP 또는 카카오 인증)
- 구글 OTP 또는 카카오 인증서 선택 가능
- 보안을 위해 꼭 설정해두는 것이 안전

Step 4. 은행 계좌 연동하기(원화 입금)

① 케이뱅크 계좌 필요

- 현재 업비트는 케이뱅크K Bank 계좌만 입금 가능
- 앱에서 연동 → 케이뱅크 인증 완료 후 원화 입출금 가능

② 케이뱅크 계좌가 없다면?

- 별도로 케이뱅크 앱 설치 → 신규 계좌 개설 가능
- 실명, 휴대폰, 신분증 인증 필요

③ 계좌 연동 완료 후 원화 입금

- 케이뱅크에서 업비트 계좌로 송금 → 업비트 지갑에 바로 반영

Step 5. 코인 구매하기(매수 방법)

① 업비트 앱 실행 → '거래소' 메뉴 선택

- 화면 상단에서 'KRW마켓(원화 시장)' 선택
- 비트코인BTC, 이더리움ETH, 리플XRP 등 인기 코인 검색 가능

② 매수할 코인 선택 → '매수' 클릭

- 원하는 코인 클릭 → 매수 탭으로 이동

③ 주문 방식 선택

- 시장가 매수: 지금 가격으로 바로 구매(추천)
- 지정가 매수: 내가 원하는 가격을 직접 입력
- 초보자는 대부분 시장가로 빠르게 거래함

④ 수량 입력 → 매수 실행

- 예: 50,000원어치 매수
- '확인' 클릭 → 지갑에 해당 코인 입금 완료

Step 6. 보유 자산 확인

① '내 지갑' 메뉴로 이동
- 내가 보유 중인 코인의 수량, 평가금액 확인 가능

② '거래내역' 탭에서 매수/매도 내역 확인

③ 차트 보기 → 실시간 가격 흐름 체크 가능
- 앱 내 차트 기능으로 초보자도 쉽게 확인 가능

🎯 **실전 팁**
- 처음엔 소액으로 시작하는 걸 추천 (예: 1만~5만 원)
- 하루에 여러 번 매수/매도하기보다는 천천히 시장을 관찰하며 익숙해지는 게 중요

주의할 점

항목	설명
수수료 확인	업비트는 기본 0.05% 거래 수수료가 적용됨
입출금 시간	야간/주말에는 입출금 지연 가능
원화 입출금 제한	정부 가이드에 따라 원화 입출금이 일시적으로 막힐 수도 있음
계좌 본인 인증 오류	케이뱅크 인증 실패 시 재시도 필요

코인을 처음 샀다면, 당신은 이제 '코인 보유자'

업비트에서 코인을 사고 지갑에 넣는 순간, 당신은 이제 디지털 자산 보유자가 된다. 이 작은 첫걸음이, 앞으로의 투자 여정을 열어준다. "중요한 건 수익이 아니라, 경험"이란 사실을 잊지 말자.

> **요약 정리**
>
> - 국내 거래소는 업비트, 빗썸, 코인원 등이 대표적이며, 실명인증과 은행 연동이 필수다.
> - 업비트는 사용자 인터페이스가 직관적이며, 초보자에게 적합하다.
> - 회원가입 후 본인 인증, 입금, 거래 단계만 거치면 손쉽게 코인을 구매할 수 있다.
> - 은행 계좌 등록 시 동일 명의 계좌여야 하며, 보이스 피싱 예방을 위한 절차도 존재한다.

따라 해보기

1. 업비트 앱을 스마트폰에 설치하고 회원가입을 진행해 본다.
2. 본인 명의의 카카오뱅크 또는 신한은행 계좌를 연동해 본다.
3. 1만 원 이하의 소액을 입금하고, 비트코인 또는 이더리움을 구매해 본다.
4. 구매 후 잔고 화면과 거래 체결 내역을 직접 확인해 본다.

바이낸스 이용법

세계 최대 거래소, 어렵지 않게 시작해 보자

왜 다들 바이낸스를 쓸까?

바이낸스는 전 세계에서 가장 큰 가상자산거래소다. 거래량 기준 세계 1위, 코인 종류도 가장 다양하고, 수수료도 저렴하며 UI/UX도 꽤 잘 되어 있다. 게다가 다양한 신생 코인, 알트코인, 밈코인 등이 국내 거래소보다 훨씬 빠르게 상장된다. 그런 만큼 "더 많은 코인을, 더 싸게, 더 빠르게 거래하고 싶다"면 바이낸스는 선택이 아니라 필수라 해도 지나치지 않다.

Step 1. 가입하기

① 공식 사이트 접속
- 주소: https://www.binance.com
- 주의: 피싱 사이트 조심! 반드시 공식 주소 확인

② 이메일 또는 휴대폰 번호로 가입
- 간단한 비밀번호 설정 후 이메일 인증 진행
- 휴대폰 인증도 가능하지만 한국 번호는 제한될 수 있음

③ 보안 설정
- 구글 OTP Google Authenticator 필수 설정
- 로그인 시마다 2단계 인증 요구됨

Step 2. KYC(실명 인증)

바이낸스는 이제 대부분의 기능 사용을 위해 KYC 인증(본인 인증)을 요구한다. 해외 거래소라도 KYC 인증은 신뢰도 확보에 도움이 되기 때문이다.

1. 여권 또는 신분증 + 얼굴 인식 필요
2. 10~30분 내 인증 완료됨
3. 인증 완료 시 입출금 한도 증가

Step 3. 입금하는 법(국내→해외로)

바이낸스는 원화 입금을 지원하지 않기 때문에, 국내 거래소에서 코인을 구매 후 바이낸스로 전송해야 한다.

예시: 업비트 → 바이낸스로 비트코인 전송

1. 업비트에서 비트코인BTC 매수
2. 업비트 앱의 '출금' 메뉴에서
    ➡ 바이낸스의 BTC 지갑 주소 입력
3. 출금 수수료 확인 후 전송

이때 다음과 같은 점을 주의해야 한다.
- 바이낸스에서 반드시 정확한 지갑 주소 복사
- 코인마다 네트워크가 다르므로 네트워크(ERC20, BEP20 등) 확인 필수

Step 4. 코인 매수하기(현물 거래)

1. 'Trade'→'Spot' 메뉴 선택
2. 화면 우측에서 코인 검색(예: SOL, DOGE, PEPE 등)
3. 거래쌍 선택(예: SOL/USDT, DOGE/BTC 등)
4. 시장가Market 또는 지정가Limit로 매수
    - 시장가: 지금 시세로 바로 매수(초보자 추천)
    - 지정가: 원하는 가격 설정 후 자동 매수

Step 5. 자산 관리와 보안

바이낸스는 해킹 사례는 드물지만 "내 계정은 내가 지킨다"는 마음으로 보안을 철저히 해야 한다.
- Wallet → Fiat & Spot 메뉴에서 현재 보유한 코인, 수량, 시세 등 확인 가능
- 구글 OTP, 이메일 인증, 피싱 코드 설정 등 보안 설정은 무조건 필수

바이낸스를 사용하는 이유

장점	설명
코인 다양성	국내보다 수백 종 더 많다
거래량/속도	세계 1위, 빠른 체결
다양한 상품	현물, 선물, 마진, 스테이킹 등
수수료	기본 0.1%, BNB 보유 시 할인 가능
신속한 상장	신생 프로젝트 코인 조기 매수 가능

바이낸스 이용 시 유의할 점

항목	주의 사항
한국어 미지원	일부 기능은 영어로만 제공
고객지원	문제 발생 시 대응이 느릴 수 있음
입출금 시간	블록체인 상태에 따라 수 분~수십 분 소요 가능
KYC 오류	여권 정보 입력 시 국가 설정 일치 필요
주소 실수	코인 전송 시 주소/네트워크 오류는 복구 불가

🎯 **실전 팁**

- 바이낸스 앱 설치 시, 'Lite 모드'를 선택하면 더 간단하게 사용 가능
- 매수 시 USDT(테더) 기반 거래가 일반적이므로 원화 → 비트코인/이더리움 → USDT로 교환하는 구조 이해 필요
- BNB(바이낸스 코인)를 조금 사두면 수수료 할인에 유리

> 📊 **요약 정리**
> - 바이낸스는 전 세계 1위 거래소, 코인 초보부터 고수까지 모두 사용
> - 원화 입금은 불가 → 국내 거래소 거쳐 전송 필요
> - 영어 기반이라 익숙해지기까지 시간이 좀 걸리지만
> - 그만큼 기회와 수익 가능성도 크다.

따라 해보기 👍

1. 바이낸스 공식 홈페이지에 접속해 이메일 또는 구글 계정으로 가입한다.
2. 본인인증KYC 절차를 따라 여권 또는 신분증으로 인증을 마친다.
3. 업비트에서 USDT 또는 XRP를 구매 후, 바이낸스 입금 주소로 송금해 본다.
4. 바이낸스에서 원하는 알트코인을 매수하는 화면을 구경해 본다(소액으로 체험 가능).

코인 지갑이란? 핫 월렛 vs 콜드 월렛
내 코인은 어디에 보관되는 걸까?

코인 지갑, 그게 뭐야?

비트코인, 이더리움 같은 가상자산은 실물로 존재하지 않는다. 그럼 내가 산 코인은 어디에 있는 걸까?

바로 '지갑Wallet'에 저장되어 있다. 코인 지갑이란 "블록체인상에 존재하는 내 자산을 관리하고 거래할 수 있게 해주는 디지털 도구" 즉, '내가 가진 코인의 소유권을 증명하고, 전송·보관·수신 등을 가능하게 해주는

장치'다. 은행에 돈을 넣으면, 계좌번호로 입금받고, 출금하고, 이체하듯이 코인 지갑도 '지갑 주소'로 코인을 받고, 보내고, 관리한다. 하지만 한 가지 큰 차이가 있다: 은행은 중개자가 있지만, 코인 지갑은 완전히 내 책임이다. 지갑의 비밀번호(개인 키)를 잃어버리면, 그 코인은 영영 못 찾는다.

지갑의 2가지 종류

구분	설명
핫 월렛 Hot Wallet	인터넷에 연결된 지갑. 앱/웹 기반으로 편리함
콜드 월렛 Cold Wallet	인터넷과 분리된 지갑. 해킹에 강함, 오프라인 기반

코인 지갑은 크게 두 가지로 나뉜다.

핫 월렛이란?

핫 월렛은 온라인 기반 지갑이다. 인터넷이 연결된 환경에서 스마트폰 앱, 웹사이트, 컴퓨터 등으로 접속 가능하다.

● 대표적인 핫 월렛
- 거래소 지갑(업비트, 바이낸스 등)
- 메타마스크 MetaMask
- 트러스트월렛 Trust Wallet
- 클립 Klip(카카오 지갑)

◉ 장점
- 사용이 편리하다(앱으로 바로 전송 가능)
- 실시간으로 거래 가능
- 스마트폰만 있으면 언제든 접속 가능

◉ 단점
- 인터넷에 연결되어 있어 해킹 위험이 있음
- 거래소 해킹, 지갑 탈취 등 보안 문제가 발생할 수 있음

🎯 실전 팁

거래소 지갑에 코인을 계속 두는 건 "현금 전부를 지갑에 넣고 다니는 것"과 같다. 큰 금액은 따로 옮겨두는 게 안전하다!

콜드 월렛이란?

콜드월렛은 인터넷과 완전히 분리된 지갑이다. 즉, 오프라인 상태에서 코인을 보관하기 때문에 해킹당할 가능성이 거의 없다.

◉ 대표적인 콜드 월렛
- 하드웨어 지갑(Ledger, Trezor 등)
- 종이지갑 Paper Wallet
- USB형 저장 장치

● 장점
- 보안이 최상 (인터넷 연결 없음)
- 장기 보관에 적합
- 해킹, 피싱, 바이러스 걱정 없음

● 단점
- 분실하면 복구 불가(복구 시드 문구 꼭 보관!)
- 실시간 거래 불편
- 세팅과 사용법이 다소 어렵다(초보자에게는 진입장벽)

콜드 월렛은 ▶100만 원 이상 장기 보유할 코인 ▶거래소 리스크를 회피하고 싶은 경우 ▶장기 투자자 또는 수탁 관리를 위해 쓰기에 적합하다.

개인 키Private Key와 시드 문구

핫월렛이든 콜드월렛이든 가장 중요한 건 '개인 키' 또는 '복구용 시드 문구(12~24단어)'다. 이건 '지갑의 주인'을 증명하는 열쇠로, 이걸 잃으면 코인도 끝이다. "개인 키가 없으면, 그 코인은 당신 것이 아니다Not your keys, not your coins"란 말이 공연히 나온 것이 아니다. 다음 사항을 명심하자.

✖ 절대 하지 말아야 할 것
- 시드 문구를 사진 찍어 클라우드에 저장

- 이메일로 백업
- 종이에 써서 보관하거나 암호화 파일로 USB에 저장

🎯 **실제 사용 예시**

① 핫 월렛 사용 시
- 앱 설치 → 지갑 생성 → 시드 문구 백업
- 지갑 주소 복사 → 거래소에서 코인 전송
- 코인 입금 완료 후 → 자유롭게 사용

② 콜드 월렛 사용 시
- 하드웨어 지갑 연결 → 초기 설정
- 시드 문구 저장 → PC에서 지갑 연동
- 전송 시 매번 기기 연결 필요

요약 정리

구분	핫 월렛	콜드 월렛
연결	온라인	오프라인
편의성	매우 높음	낮음
보안	상대적으로 낮음	매우 높음
적합	일상거래, 소액 보관	장기투자, 고액 보관
예시	업비트 지갑, 메타마스크	레저, 트레저, 종이지갑

> 따라 해보기 👍
>
> 1. 핫 월렛 앱(예: 메타마스크, 트러스트 월렛)을 설치해 기본 지갑을 만들어 본다.
> 2. 지갑 생성 시 나온 백업용 시드 구문을 안전하게 메모한다.
> 3. 콜드 월렛(예: 레저 나노 S)을 검색해 제품 리뷰와 가격을 비교해 본다.
> 4. 지갑 간 송금 테스트를 위해 핫 월렛에 소액을 입금해 전송해 본다.

코인을 안전하게 보관하는 법

투자보다 더 중요한 건, 잃지 않는 것

왜 보관이 중요한가요?

가상자산 시장은 하루에도 수십억 원어치의 해킹 사고가 터진다. 단순히 가격이 오르내리는 걸 걱정하기 전에, '내 코인을 안전하게 지키는 법'을 먼저 알아야 한다.

"투자한 돈이 그대로 사라질 수 있다면, 그건 투자라기보다 도박에 가깝다." 보안이 곧 자산이다.

흔한 보관 실수 Best 5

실수	설명
거래소에 장기 보관	해킹, 파산, 출금 제한 위험
시드 문구를 온라인에 저장	해커가 훔치기 쉬움
개인 키 분실	복구 불가능 → 영구 손실
주소 오입력 전송	네트워크 오류 → 돌이킬 수 없음
피싱 링크 클릭	지갑 탈취 사례 빈번

안전 보관을 위한 3단계 전략

하나의 은행 계좌에 돈을 다 넣지 않듯, 코인도 지갑을 나눠야 안전하다. "가상자산 투자에서 가장 먼저 해야 할 일은, 코인을 '벌기'보다 '지키는' 것이다."

- **1단계: 보안 기초 다지기**
    - OTP(2단계 인증) 설정: 구글 OTP, Authy 앱 필수
    - 강력한 비밀번호 사용: 대·소문자, 숫자, 특수문자 포함
    - 거래소 로그인 알림 활성화
    - 공용 와이파이 사용 금지 (피싱·도청 위험)

- **2단계: 지갑 분산 보관하기**
    - 핫 월렛: 소액, 일상 거래용(예: 업비트, 메타마스크 등)
    - 콜드 월렛: 고액, 장기 보관용(예: Ledger, Trezor 등)

- **3단계: 시드 문구 안전하게 관리하기**
    - 반드시 종이에 수기로 적기
    - 2곳 이상에 나눠 보관 (예: 집 금고 + 가족 보관)
    - 디지털 저장 금지 (이메일, 사진, 클라우드 X)
    - 내 사후를 위한 '복구 메모' 남기기 (예: 가족에게 전달 방법)

🎯 **실전 예시: 초보자의 안전 보관 플랜**

1. 업비트에서 30만 원어치 비트코인 매수

2. 20만 원 → 메타마스크로 전송 (핫 월렛)
   - 실사용 또는 단기 매매용
3. 10만 원 → Ledger Nano S에 보관(콜드 월렛)
   - 장기 보유 자산용
4. 시드 문구는 두 곳에 분산 보관

자주 묻는 보안 질문 Q&A

Q. 거래소에 그냥 두면 안 되나요?

A. 단기 투자자라면 가능하지만, 장기 보유하려면 해킹/파산/정부 규제 리스크 때문에 추천하지 않음.

Q. 코인이 해킹되면 찾을 수 있나요?

A. 블록체인은 되돌릴 수 없다. 지갑 해킹=자산 영구 손실.

Q. 콜드 월렛도 해킹되나요?

A. 인터넷에 연결되지 않기 때문에 거의 불가능. 단, 복구 문구를 도난당하면 위험하므로 오프라인 보관 필수.

'내 코인 내가 지키기' 체크 리스트

실천 항목	점검 체크 리스트
OTP 설정	☐
시드 문구 백업	☐
콜드 월렛 활용	☐
공용 와이파이 차단	☐
피싱 메일/사이트 차단	☐

> 💰 **요약 정리**
>
> - 거래소에 장기 보관하는 건 위험할 수 있다.(해킹, 파산 위험)
> - 핫 월렛은 인터넷에 연결되어 편리하지만 해킹 위험이 있다.
> - 콜드 월렛은 USB 형태로 오프라인 보관이 가능해 보안이 가장 우수하다.
> - 시드 문구 백업, 2단계 인증 설정, 거래소 로그인 기록 확인은 필수 보안 습관이다.

따라 해보기 👍

1. 업비트에 2단계 인증(OTP 또는 카카오 인증)을 설정한다.
2. 핫 월렛 앱(예: 메타마스크)에서 시드 구문을 백업하고, 다른 장소에도 보관해 둔다.
3. 거래소에서 '출금 제한' 설정을 통해 낯선 IP에서 출금이 안 되게 조치한다.
4. 소액을 직접 핫 월렛 또는 콜드 월렛으로 이체해서 보관해 본다.

9장
사고파는 타이밍은 어떻게 정할까?

"성공적인 투자란 머리가 아닌 인내의 결과다."
-워런 버핏

차트는 왜 봐야 할까?
감이 아니라 근거로 사는 연습

처음 코인 투자를 시작하면 대부분 이렇게 말한다.

"그냥 느낌이 좋아서 샀어요." "친구가 오를 거라고 해서 샀어요." "뉴스에 나왔길래 사봤어요."

하지만 이런 식의 투자 방식은 매번 운에 맡기는 도박이나 마찬가지다. 그래서 대부분 초보 투자자는 비싸게 사서, 싸게 판다. 그럼 어떻게 해야 할까? 답은 간단하다.

"감이 아닌, 근거로 매매하기"다. 그 근거를 보기 위해 필요한 게 '차트'다.

차트란 무엇인가요?

"차트는 시장 참여자들의 감정을 모아 놓은 거울이다." 코인 차트는 가격의 흐름을 시각적으로 보여주는 그래프다. 어느 시점에 얼마나 올랐고, 또 얼마나 내렸는지를 한눈에 파악할 수 있게 도와준다. 코인 시장은 24시간 열려 있고, 수많은 개인·기관이 매매에 참여한다. 이들의 심리와 판단이 모두 가격에 반영된다. 그래서 차트를 보면 다음과 같은 정보를 얻을 수 있다.

- 지금 시장이 불안한가, 낙관적인가
- 매수세가 강한가, 매도세가 강한가
- 앞으로 올라갈 여력이 있는가, 하락 위험이 큰가

차트로 알 수 있는 것들

차트를 보면 알 수 있는 것	왜 중요한가?
가격의 흐름(상승/하락 추세)	지금이 상승장인지, 하락장인지 판단 가능
거래량의 변화	사람들이 얼마나 관심을 갖고 있는지 파악
저항선과 지지선	언제 팔고, 언제 사야 할지 타이밍 힌트 제공
특정 패턴	과거와 유사한 흐름이 반복될 가능성 탐색

예를 들어, 지속적으로 가격이 오르고 있고, 거래량도 함께 늘어난다

면? "사려는 사람이 많고, 상승세가 강하다"는 뜻이다. 반대로, 가격이 오르는데 거래량이 줄고 있다면 "힘이 빠진 상승"일 수 있고, 조정이 올 가능성이 있다.

차트는 정확하지 않다? 맞아요.

많은 사람들이 묻는다. "차트를 본다고 가격이 정확히 맞춰지나요?"
물론 아니다. 차트는 미래를 예측하는 마법의 도구가 아니다. 하지만 다음 두 가지는 분명하게 해준다.

① 리스크를 줄여 준다.
- 이상 급등 직후엔 진입을 피한다든지
- 고점 대비 40퍼센트 빠졌다면 분할 매수 타이밍을 찾는다든지

② 매수·매도 타이밍의 근거가 된다.
- '왜 지금 사야 하는지'를 설명할 수 있게 해 준다.
- '왜 지금은 기다려야 하는지'를 냉정하게 판단할 수 있게 해 준다.

즉, 차트는 확률을 높이는 도구다. 완벽하진 않지만, "아무 근거 없는 감투자"보다 훨씬 낫다.

초보자는 어떤 차트부터 봐야 하나요?

코인 차트를 처음 보는 사람에게는 너무 복잡한 선, 지표, 용어들이 부담일 수 있다. 그래서 초보자라면 다음 세 가지부터 시작하자.

① 캔들차트(봉차트)
- 가격 흐름을 나타내는 가장 기본 도구
- 양봉(상승)/음봉(하락)을 구분해 흐름 읽기

② 이동평균선 MA Moving Average
- 최근 n일간의 평균 가격을 선으로 표시
- 장기·단기 이동평균선의 위치로 추세 판단

③ RSI Relative Strength Index
- '과매수'인지 '과매도'인지 알려주는 지표
- 감정적 매매를 줄이게 해준다.

이 3가지에 익숙해지면, 보다 정확한 타이밍을 잡을 수 있다.

차트는 '수치로 보는 심리'

코인 시장은 기술보다 심리가 더 중요하다. 사람들의 감정이 그대로 가격에 반영되기 때문이다. 탐욕이 커지면 가격은 과도하게 오르고, 공포가 커지면 가격은 과도하게 떨어진다. 차트는 그 감정을 '선'과 '숫자'로 보여주는 도구다.

"남들이 사는 타이밍에 같이 사는 게 아니라, 남들이 무서워할 때 매수할 수 있는 근거를 차트가 준다."

요약 정리

이유	설명
근거 있는 투자	감정 대신 데이터로 판단
추세 파악 가능	상승세/하락세 구분 용이
리스크 관리	고점 진입, 저점 탈출 방지
반복 학습 가능	과거 패턴에서 힌트 얻기

따라 해보기

1. 업비트 또는 트레이딩뷰(tradingview.com)에서 비트코인 차트를 띄워 본다.
2. 1일, 1주, 1시간 단위 차트의 차이를 비교해 본다.
3. '고점'과 '저점'을 찾아 직접 표시해 본다.
4. 비트코인이 급등하거나 급락한 뉴스 날짜와 차트를 비교해 본다.

봉차트, 이동평균선, RSI 쉽게 보기
차트의 기본 3요소만 알아도 절반은 먹고 들어간다

봉차트Candlestick Chart: **시장의 심리를 색깔로 보여준다**

 '봉차트'는 주식이나 코인에서 가격의 흐름을 가장 직관적으로 보여주는 도구다. 이름 그대로 '촛불 모양'의 막대기들이 늘어서 있어 '캔들 차트'라고도 부른다. 한 줄의 봉 안에 시장의 심리, 힘겨루기, 공포와 탐욕이 모두 담겨 있다.

봉 하나에 담긴 4가지 정보

구성 요소	의미
시가 Open	시작할 때 가격
종가 Close	마감할 때 가격
고가 High	가장 높았던 가격
저가 Low	가장 낮았던 가격

* 봉의 색깔 – 양봉(보통 초록색): 종가가 시가보다 높음 → 가격 상승
음봉(보통 빨간색): 종가가 시가보다 낮음 → 가격 하락

🎯 실전 예시

- 초록봉이 연속으로 나오고 크기도 커진다면 → 강한 매수세
- 빨간봉이 계속 나오면서 길이가 점점 길어지면 → 매도 공포 확산 중

이동평균선: '평균'으로 추세를 파악한다

이동평균선은 일정 기간의 가격 평균을 선으로 그린 것이다. 코인이 단기적으로 오르락내리락하더라도 전체 흐름이 위인지 아래인지를 알 수 있게 해준다.

주요 이동평균선 의미

종류	의미	입문자 해석법
5일선	최근 5일간 평균	단기 추세
20일선	최근 20일간 평균	중기 추세
60일선	최근 60일간 평균	장기 추세 (주식 기준)
120일선	약 6개월 흐름	큰 흐름 파악용

선들이 서로 가까워졌다 멀어졌다 하는 걸 보면, 변곡점을 파악할 수 있다.

골든 크로스 vs 데드 크로스

- 골든크로스: 단기선(5일선)이 장기선(20일선)을 아래에서 위로 뚫고 올라갈 때
    - ➡ 보통 상승 신호로 해석
- 데드 크로스: 단기선이 장기선을 위에서 아래로 뚫고 내려갈 때
    - ➡ 보통 하락 신호로 해석

RSI Relative Strength Index: 지금 사기엔 너무 늦었을까?

RSI는 '상대 강도 지수'다. 가격이 너무 많이 올라 과열되었는지, 너무 많이 떨어져 저평가되었는지 알려주는 지표다.

⊘ RSI 수치는 0~100 사이
- 70 이상: 과매수 구간 →"너무 많이 올랐다"→ 조정 가능성
- 30 이하: 과매도 구간 →"너무 많이 떨어졌다"→ 반등 가능성
- 50 부근: 중립 구간

RSI는 '언제 사야 할까'를 정할 때 보조지표로 유용하다. 단독 판단보다는 '차트 흐름+이동평균선'과 함께 보는 게 안전하다.

세 지표, 이렇게 함께 활용하자

초보자용 해석 팁

RSI	수치 해석	행동 힌트
80 이상	시장이 너무 뜨겁다	진입 신중히, 이익 실현 고려
30 이하	시장이 지나치게 위축됨	분할 매수 고려 가능
50~70	점진적 상승 가능성	추세 지속 가능성 체크

- 1단계: 봉차트로 현재 분위기 파악
- 2단계: 이동평균선으로 지금이 상승 또는 하락 추세인지 확인
- 3단계: RSI로 진입 타이밍 가늠

🎯 예시 상황

비트코인이,

- 캔들이 초록봉으로 바뀌고
- 5일선이 20일선을 뚫고 올라가고
- RSI는 60

➡ "상승 추세가 시작되었고, 아직 과열은 아님" → 분할 매수 고려 가능

> 📌 **요약 정리**
>
> - 봉차트: 가격 흐름을 직관적으로 보여주는 기본 차트
>   초록봉(양봉): 상승 / 빨간봉(음봉): 하락
> - 이동평균선: 평균 가격의 흐름을 선으로 표시 → 추세 확인
>   골든 크로스 = 상승 신호, 데드 크로스 = 하락 신호
> - RSI: 가격의 과열 또는 침체 정도를 수치로 보여줌
>   70 이상: 과열 / 30 이하: 침체
>
> "이 3가지 지표만 알아도, 무작정 사는 실수는 줄일 수 있다."

따라 해보기 👍

1. 업비트 또는 트레이딩뷰(tradingview.com) 접속
2. 관심 있는 코인 검색 후 차트 열기
3. 캔들 차트 형태로 보기 설정
4. 5일선/20일선/60일선 표시
5. RSI 보조지표 추가
6. 각 지표 흐름을 비교해보고, 추세 흐름 익히기

손절, 익절, 분할매수란?

타이밍보다 중요한 건, 계획 있는 매매

손절(손해를 감수하고 파는 것)

손절은 말 그대로 손해를 감수하고 코인을 파는 것이다. 처음에는 손해를 보고 팔기가 쉽지 않다. 하지만 투자에서 가장 위험한 말은 이거다.

"언젠간 오르겠지……"

그렇게 기다리다가 손실이 눈덩이처럼 불어나고, 결국 바닥에서 공포에 못 이겨 진짜 손절을 하게 된다. 그러니 ▶더 큰 손실을 막기 위해 ▶포트폴리오를 정리하고 다시 재진입하기 위해 ▶'감정'이 아니라 '전략'으로 투자하기 위해서는 적절한 타이밍의 손절도 필요하다. "손절은 겁쟁이가 하는 게 아니라, 계획 있는 사람이 하는 것이다."

🎯 **예시 상황**
- 비트코인을 80,000달러에 샀는데 65,000달러까지 떨어졌다
- 본인의 손절 라인이 15퍼센트였다면, 과감히 매도하고 다음 기회를 노려야 한다

익절(이익을 실현하는 매도)

익절은 이익을 얻고 파는 것, 즉 수익을 확정하는 행동이다. 많은 초보자가 이렇게 말한다. "조금만 더 오르면 팔지……" 그리고 그다음 날 가격은 폭락. 이익은 실현해야 내 돈이 된다. 계좌 속 숫자는 현실의 돈이 아니다.

🎯 **익절 전략 예시:**
- 목표 수익률: +20%
- 도달 시 일부 매도, 나머지는 더 끌고 간다 (익절 후 분할 매도 전략)

단 너무 빨리 익절하면 큰 상승장을 놓칠 수 있고, 너무 늦게 익절하면

수익이 증발할 수 있다. 따라서 '분할 익절'이 중요하다.

분할매수(한 번에 사지 말자)

분할매수는 자금을 나눠서 여러 번에 걸쳐 사는 전략이다. 초보 투자자 대부분이 한 번에 '몰빵' 투자했다가 후회한다. "분할은 초보자의 방패이자, 고수의 습관"이란 투자 격언을 명심하자.

분할매수의 장점

항목	주식
리스크 분산	고점에 몰빵하는 걸 방지
심리적 부담 완화	떨어져도 추가 매수 여유 있음
평균단가 조절	적절한 매입가 유지 가능

🎯 **예시:**

100만 원을 투자하려는 상황이라면

- 처음엔 30만 원만 매수
- 떨어지면 30만 원 추가
- 다시 하락하면 40만 원 매수

이렇게 하면 평균 매입 단가가 낮아지고, 반등 시 수익이 커진다.

💰 요약 정리

용어	뜻	핵심 포인트
손절	손해보고 파는 것	더 큰 손실을 막는 전략
익절	수익 보고 파는 것	수익은 실현해야 진짜 수익
분할매수	나눠서 사는 것	고점 진입 리스크를 줄인다.

👍 따라 해보기

1. 손절 기준 정하기
   - "내가 감당할 수 있는 손실은 몇 %?"
   - 예: -10%면 자동 매도
2. 익절 목표 설정
   - 예: +20% 수익 나면 50% 매도, 나머지는 추세 보고 판단
3. 분할매수 계획 세우기
   - 총금액을 3~4회로 나누어 매수
   - 하락 시 추가 매수할 여유 확보

FOMO에 속지 않는 법
남들이 산다고 나도 사면, 꼭 물린다

FOMO는 'Fear Of Missing Out'의 줄임말이다. 즉, "지금 안 사면 나만 뒤처질 것 같아…" "이 코인 내일 2배 될 수도 있잖아!"처럼 기회를 놓치는 것에 대한 두려움을 가리킨다. 이런 생각이 들면서, 계획 없이 충

동적으로 매수하게 된다. 그리고 이런 투자에는 대부분 후회가 따라온다.

왜 사람들은 FOMO에 빠질까?

FOMO는 인간의 본능이다. 특히 SNS, 뉴스, 커뮤니티에서 "지금이라도 안 사면 늦어" "어제 산 사람은 벌써 30% 먹었대" "이번에 안 사면 기회는 없어" 이런 말들을 자주 접하면 더 심해진다. 사람은 상대적인 박탈감에 쉽게 흔들리기 때문이다. 남들이 돈 버는 걸 보면, 나도 뛰어들고 싶어지는 게 당연하다. 하지만 잊지 말자. "뉴스에 나올 때쯤이면, 이미 고점일 수 있다."

FOMO의 실제 사례

FOMO는 대부분 가격이 급등한 후에 나타난다. 즉, 가장 사면 안 되는 타이밍에 사고 싶어지는 심리다. 예를 들면 ▶DOGE가 밈코인 열풍으로 급등할 때, "이거 안 사면 바보다" 분위기→고점에 진입→하락장 진입하거나 ▶비트코인이 2021년 6만 달러를 돌파할 때, 신규 투자자 대거 진입→ 몇 달 후 반토막 났던 사례가 나타난다.

FOMO에 속지 않으려면?

첫째 계획 없는 매수는 하지 말아야 한다. 투자는 감정이 아니라 전략이다. 매수 이유·목표 수익률·손절 라인, 이 3가지를 정하지 않고 매수하면, 그건 투자가 아니라 충동 소비다.

둘째 급등한 코인은 오히려 경계하는 것이 좋다. 갑자기 30% 이상 급등한다면, 지금은 쳐다보는 게 아니라 분석하는 시기여야 한다. 또 매수는 대부분 사람들이 관심 없을 때 준비해야 한다. "공포에 사서, 탐욕에 팔아라"는 말은 진리다.

셋째 차트와 지표를 활용한 냉정한 판단이 필요하다. 예를 들어, RSI가 80 이상이라면 과열 구간일 수 있다. 양봉이 연속으로 떴을 경우는 단기 조정 가능성이 존재한다.

데이터는 감정을 이긴다. "내 기준 없이 남만 따라가면, 남이 빠질 때도 같이 빠진다"는 사실을 잊지 말자.

FOMO 극복법: 나만의 투자 기준 만들기

항목	내용
진입 기준	RSI, 이동평균선, 뉴스 과열 여부 등
매수 타이밍	분할매수, 조정 시 진입
매도 기준	목표 수익률 + 추세 꺾임 여부

요약 정리

- FOMO는 '놓칠까 봐 사는' 심리 상태
- 대부분 고점 근처에서 발생힌다.
- 충동 매수는 높은 확률로 손실을 부른다.
- 계획된 매수, 냉정한 분석, 분할 진입이 해답이다.

따라 해보기

1. SNS나 뉴스에서 '핫하다'는 코인 봤을 때?
   ➡ 지금은 분석만 하고 매수는 보류
2. 갑자기 사고 싶다는 충동이 들었을 때?
   ➡ 나만의 매수 기준표를 꺼내 확인
3. FOMO 차단 3문장 자기 질문법
   - 이 코인의 실체는 있는가?
   - 지금이 정말 저점인가?
   - 감정이 아닌 전략으로 사고 있나?

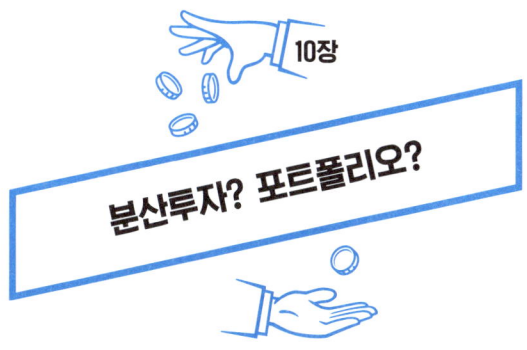

10장
분산투자? 포트폴리오?

> "계란을 한 바구니에 담지 마라. 하지만 그 바구니는 잘 지켜라."
>
> –앤드류 카네기

계란은 한 바구니에 담지 말라고?
코인 투자도 분산이 답이다

왜 '계란과 바구니' 이야기를 하나?

"계란은 한 바구니에 담지 말라"는 말, 어디서 많이 들어봤을 것이다. 이건 원래 투자 세계에서 '리스크 분산'을 강조할 때 쓰는 말이다. 이유는 간단하다. 바구니 하나에 계란을 다 담고 가다가 그 바구니를 떨어뜨리면? 전부 깨져버린다. 코인 투자도 마찬가지이다. 하나의 코인에만 투자하면, 그 코인이 급락할 경우 자산 전체가 흔들릴 수 있다. 실제 사례로 살펴보자. A라는 투자자는 모든 자금을 신생 알트코인 하나에 몰빵했다. '커뮤니티가 강력하고, 가격이 오를 것 같아서'였다. 하지만 며칠 뒤, 프로젝트 운영자가 사라지며 가격이 90퍼센트 이상 폭락. 결국 A의 전체 자산도 한순간에 사라졌다. 반면 B라는 투자자는 비트코인, 이더리움, 그리고 3~4개의 알트코인에 나눠 투자했다. 그중 일부는 떨어졌지만, 비트코인과 이더리움이 오르면서 전체 수익은 플러스가 되었다. 분산은 손실을 줄여주고, 회복 시간을 벌어준다. 특히 코인은 변동성이 매우 큰 자산이기 때문에, 주식보다 더 적극적인 분산이 필요하다.

분산투자의 진짜 목적

목적	설명
리스크 최소화	하나의 코인이 망해도 전체 자산이 무너지지 않음
심리적 안정	가격이 흔들릴 때도 불안감이 줄어듦
수익 기회 확대	여러 종목이 각각 다른 흐름을 보이기 때문에 기회가 더 많음

그럼 어떻게 분산해야 할까?

무작정 여러 코인을 사는 게 아니라 성격이 다른 자산을 조합하는 것이 핵심이다. 예를 들어,

- 비트코인 → 디지털 금, 장기보유용
- 이더리움 → 플랫폼 기반, 실사용처 풍부
- 알트코인들 → 기술적 성장성, 단기 수익 가능성
- 스테이블코인 → 안정적인 자산 보관용

이렇게 나눠서 각각의 역할과 위험 수준을 고려해 구성하는 게 바로 포트폴리오 전략이다.

분산투자에 관한 오해 3가지

① "많이 사면 다 분산 아닌가요?"
  ➡ 아니다. 의미 없는 잡코인을 많이 사는 건 '분산'이 아니라 '혼란'이다.
② "수익률 높은 것만 사면 되잖아요"
  ➡ 아니다. 고수익은 고위험과 함께 온다. 리스크를 컨트롤 할 수 있어야 한다.
③ "나는 소액이라 분산이 무슨 의미가 있죠?"
  ➡ 아니다. 오히려 소액일수록 더 신중하게 나눠야 한다. 30만 원으로도 3종류로 나눌 수 있다.

요약 정리

- "계란을 한 바구니에 담지 말라" = 하나의 코인에 몰빵하지 말라.
- 분산은 자산을 지키는 방패이자, 수익을 키우는 전략
- 성격이 다른 코인을 조합해서 포트폴리오 구성 시작하기

> 따라 해보기 👍

1. 현재 내가 투자한 코인 목록을 종이에 적어보자
2. 모두 비슷한 성격(예: 다 알트코인)이라면, 포트폴리오 점검 필요
3. 다음과 같은 식으로 나눠보기
   - 비트코인 40%
   - 이더리움 30%
   - 알트코인 20%
   - 스테이블코인 10%
4. 1~2개월 후 결과 비교해보며 조정해 나가기

내가 투자할 수 있는 예산 정하기

생활비까지 코인에 넣지 말자

감당할 수 있는 손실만큼만 투자하라

코인 투자 초보자들이 가장 많이 묻는 질문이 있다. "얼마부터 투자하면 될까요?" "몇백만 원은 있어야 하나요?" 정답은? 절대적 금액보다, 내 상황에 맞는 예산을 정하는 것이 핵심이다. 투자 예산은 '남들이 얼마 투자했느냐'가 아니라, '내가 감당할 수 있는 손실이 얼마인가'로 결정해야 한다.

예산 설정의 실패 사례

- 월급의 절반을 코인에 넣었다가 폭락장 맞은 A씨 → 생활비가 부족해

투자금 결정의 3원칙

원칙	설명
① 여유 자금만 투자	생활비, 학비, 고정 지출은 절대 건드리지 말 것
② 감당 가능한 손실 설정	"이 돈을 다 잃어도 내 삶에 영향 없을까?"
③ 목표와 기간 고려	단기 수익인가, 장기 보유인가에 따라 규모 다르게 설정

결국 손해 보고 손절

- 빚내서 코인 투자한 B씨 → 수익을 못 내면 원금+이자까지 갚아야 하는 이중 고통

"투자금은, 잃어도 되는 돈으로 시작해야 한다."

현실적인 예산 예시

직장인 C의 월급	250만 원
월 고정지출	200만 원
여유자금	50만 원

위와 같은 소득구조를 가진 사람이라면 이 중 20만 원은 비상금으로 남겨두고, 나머지 30만 원으로 소액 분할 투자 시작하는 것이 바람직하다. 이때도 전부 비트코인에 넣기보다 10만 원씩 나눠서 비트코인/이더리움/스테이블코인 같은 식으로 구성하기를 권한다.

장기투자일수록 여유 있게

단기 투자라면, 시장 흐름에 따라 리스크도 크다. 하지만 장기 보유(예: 1~2년 이상)를 목표로 한다면, 작은 금액으로도 복리 효과를 기대할 수 있다. "조금씩, 꾸준히, 오래" 이게 결국 가장 강력한 투자 전략이 된다.

💰 나만의 투자 룰 만들기

- 매달 지출 후 남은 금액의 10~20퍼센트만 투자
- 수익이 나더라도 재투자할 금액과 현금화 비율 나누기
- 투자 일지를 써서, 감정적인 결정을 피하기

💰 요약 정리

- 투자 예산은 내가 감당할 수 있는 손실 범위 내에서 설정
- 절대 생활비나 빚을 코인에 넣지 말 것
- 소액으로도 충분히 분산 포트폴리오 구성 가능
- 장기적인 관점이 가장 안전한 투자다.

따라 해보기 👍

1. 월 고정 지출과 수입을 계산해보자.
2. 그중 '잃어도 부담 없는' 금액만 투자 예산으로 설정
3. 예산은 다시 3~4개 코인으로 분산
4. 매달 투자 일지를 작성하며 조절해 보기

비트코인, 이더리움, 알트 밸런스 짜기
포트폴리오에도 중심이 필요하다

모든 코인이 같지 않다

코인은 수천 개가 있지만, 그 모든 코인이 같은 위험도와 같은 역할을 하지는 않는다. 비트코인과 이더리움은 핵심 자산, 알트코인은 보조 자산으로 보는 게 일반적이다. 가장 기초적인 분류는 다음과 같다.

구분	대표 코인	특징
비트코인	BTC	시장의 기준, 디지털 금, 안정성 우위
이더리움	ETH	스마트 계약 기반 플랫폼, 활용처 다양
알트코인	SOL, AVAX, ADA 등	기술 성장성 높지만 리스크도 큼

기본 포트폴리오 구조(초보자용)

초보자라면 이렇게 나누는 걸 추천한다.

코인 종류	비중 (%)
비트코인	40~60%
이더리움	20~30%
알트코인	10~30%

이 구조는 전체 시장이 흔들릴 때 비트코인이 방어 역할을 해주고, 이더리움이 기술 성장성을 커버해주며, 알트코인이 수익 기회를 주는 균형

잡힌 조합이다.

포트폴리오 예시

투자 금액	구성안
100만 원	비트코인 50만 원
	이더리움 30만 원
	알트코인 20만 원 (SOL, AVAX, LINK 등 2~3종류로 분산)

이 포트폴리오는 방어력 + 수익 기회 + 다양성을 고루 갖춘 형태이다.

시장 상황에 따라 유연하게 조절하자

포트폴리오 구성은 고정이 아니라 관리 대상이다. 주기적으로 시장 상황을 점검하고 비중을 조절하는 습관이 중요하다. 다음은 시장 상황에 따른 투자 전략의 예시이다.

상황	전략
시장이 하락 중	비트코인 비중 ↑, 알트코인 ↓ (보수적 대응)
상승장이 시작됨	알트코인 비중 ↑ (수익 극대화 전략)
장기투자 중	꾸준한 리밸런싱으로 비중 조절

알트코인 선택 팁

- SOL, AVAX, LINK, MATIC 등은 비교적 인지도가 높고 기술 기반이 있다.

- 밈코인처럼 급등락이 심한 코인은 비중을 줄이거나 제외.
- 알트코인도 2~3개 이상 분산하는 것이 좋다.

"기회는 알트코인에, 안전은 비트코인에 있다."

요약 정리

- 비트코인, 이더리움, 알트코인의 비중을 전략적으로 분산하자.
- 초보자는 비트코인 중심의 안정형 포트폴리오부터 시작
- 시장 상황에 따라 비중을 유연하게 조정하는 것이 중요
- 알트코인은 2~3종으로 나누어 리스크 분산

따라 해보기

1. 투자 금액 총합에서
   - 50%: 비트코인
   - 30%: 이더리움
   - 20%: 알트코인 (2종 이상)
2. 월 1회 리밸런싱 체크
   - 가격이 급등한 자산은 일부 매도
   - 급락한 자산은 추세 보고 추가 매수 여부 결정
3. 알트코인 리스트 만들기
   - 시가총액, 프로젝트, 커뮤니티 활동력 등 3가지 기준으로 체크
   - 1~2개는 장기 보유, 나머지는 단기 대응용으로 활용

목표 수익률과 감당할 수 있는 손실

얼마 벌고 싶은가요? 얼마나 잃을 수 있나요?

수익만 생각하는 당신에게 필요한 질문

초보 투자자들은 보통 이런 말부터 꺼낸다. "얼마나 벌 수 있어요?" "지금 들어가면 2배는 먹을 수 있죠?" 하지만 정작 중요한 건 이거다. "내가 어디서 팔고 나올지 알고 있나요?" "이 돈을 다 잃게 되어도 감당할 수 있나요?"

투자는 수익률보다 먼저, 목표와 한계 설정이 필요하다.

목표 수익률: 너무 욕심내지 말기

"높은 수익률이 아니라, 지키는 투자가 먼저다." 초보자라면 단기 목표는 10~30퍼센트, 중장기 목표는 50퍼센트 정도로 잡는 것이 현실적이다.

목표 수익률 설정 예시

목표 수익률 설정 예시	설명
20~30%	실현 가능하고 안전한 수준
50~100%	리스크도 그만큼 크며, 시기적 전략 필요
200% 이상	도박 수준의 기대, 손실 확률도 높음

손실 한계: '여기까지'는 버틸 수 있어야

자신의 심리적 손실 한계도 정해야 한다. 예컨대, 30만 원 투자했을 때 10만 원까지 손해 봐도 괜찮다면 손실 허용치는 33퍼센트이다. 손실을 감당할 수 없는 구간에 이르면 불안감과 공포심 때문에 비합리적인 행동(패닉셀)이 나오기 쉽다. 그래서 손절 라인을 미리 설정해두는 것이 꼭 필요하다.

수익-손실 비율을 맞추자

투자의 기본 원칙 중 하나는 수익과 손실의 기대 비율을 설계하는 것이다. 이 비율이 맞아야 한두 번 실패해도 한 번의 성공으로 만회가 가능하다. '나만의 투자전략 표'를 만들고 시작하면 '흔들리지 않는 투자'를 할 수 있다.

손익 비율 전략 예시

전략	예시
1:1	20% 수익 목표, 20% 손절 기준
2:1	40% 수익 목표, 20% 손절 기준 → 추천
3:1	60% 수익 목표, 20% 손절 기준 (공격적)

나만의 투자 전략표 만들기

항목	나만의 기준
목표 수익률	예: +30%
손절 기준	예: -15%
보유 기간	예: 3개월
리밸런싱 주기	예: 월 1회

요약 정리

- 수익률 목표를 너무 높게 잡지 말고, 현실적 기준 세우기
- 손실 한계도 미리 정해두고, 감정적 대응 피하기
- 수익:손실 비율은 최소 2:1 이상이 이상적
- 나만의 투자 전략표를 만들어서 꾸준히 점검할 것

따라 해보기

1. 투자 전, 다음 4가지 항목을 메모로 작성
   - 내 목표 수익률
   - 감당할 수 있는 손실
   - 보유 예상 기간
   - 리밸런싱 일정
2. 실제 투자 후, 수익이 났을 때에도 '탐욕'에 흔들리지 말고
   ➡ 목표 달성 시 매도하기
3. 손실이 발생했을 때는
   ➡ 감정이 아닌 원칙대로 대응(예: -20%에서 자동 매도)

"투자에서 가장 중요한 규칙은: 돈을 잃지 마라."
-워런 버핏

절대 속지 말 것: 스캠 코인의 특징
당신의 욕망을 노린다, 스캠 코인

스캠 코인, 왜 이렇게 많을까?

암호화폐 시장은 누구나 코인을 만들 수 있는 탈중앙 환경이기 때문에, 좋은 프로젝트만큼이나 사기 프로젝트도 우후죽순 생겨난다. 특히 초보자들은 "가격이 급등했다", "유명인이 언급했다", "커뮤니티가 뜨겁다" 같은 말에 쉽게 현혹되기 쉽다. 이런 허점을 노리는 것이 바로 스캠 코인이다.

스캠 코인의 공통 특징 7가지

다음과 같은 징후가 보이면 100퍼센트 경계해야 한다.

구분	설명
① 지나치게 높은 수익률 약속	"10배 수익 보장!", "매일 3% 이자!"처럼 과장된 수익을 강조
② 실체 없는 백서	내용이 추상적이고, 기술·로드맵이 불분명하거나 복붙 느낌
③ 창립자 정보가 없음	개발자, CEO, 운영팀의 실명/이력 부재 (혹은 가짜 인물)
④ 코인 거래가 제한됨	특정 지갑에서만 거래되거나, 팔려고 할 때 팔리지 않는 구조
⑤ 유명인 사칭 마케팅	"일론 머스크도 투자했다더라" 같은 조작된 뉴스와 이미지 활용
⑥ 디스코드, 텔레그램만 과도하게 활성	커뮤니티만 붐비고, 실제 기술 개발 흔적이나 업데이트는 없음
⑦ DEX 전용 상장만 존재	검증된 중앙 거래소에는 상장되지 않고, 유동성도 낮음

스캠 코인들은 대부분 겉으로는 매우 그럴듯하게 포장돼 있다. 웹사이트도 그럴싸하고, 로드맵도 있고, 심지어 인터뷰 영상도 있다. 하지만 자세히 보면 다 복붙, 가짜 팀원 사진, AI 생성 영상 등으로 꾸며져 있다. 초보자들은 이 포장에 쉽게 속고, 초기 투자금이 빠져나간 후 코인의 가격이 폭락하거나 개발자가 '먹튀'하는 사태로 이어진다. 2023년, SNS를 통해 홍보되던 한 프로젝트는 "연 120퍼센트 이자를 보장하는 탈중앙 금융 플랫폼"이라고 소개되었고, 짧은 시간 안에 수천 명이 참여했다. 하지만 몇 달 후, 개발팀은 "해킹을 당했다"며 플랫폼을 종료했고, 투자자들

의 자금은 어디론가 사라졌다. 나중에 확인해보니, 개발자는 존재하지도 않는 인물이었고, 사용된 사진은 무료 이미지 사이트에서 퍼온 것이었다.

스캠과 정당한 프로젝트를 구별하는 법

항목	정당한 프로젝트	스캠 코인
백서	기술 설명 구체적, 현실적 로드맵	추상적, 복사/붙여넣기 수준
팀원 정보	실명, 링크드인 연결, 인터뷰 존재	가짜 이름, 사진 도용, 실체 없음
개발 활동	깃허브 등 코드 업데이트 활발	개발 내역 전무
거래소 상장	업비트, 바이낸스 등 주요 거래소	이름 모를 DEX만 존재
커뮤니티 반응	건설적 질문과 기술 토론	무분별한 홍보와 '가즈아' 외침만 존재

요약 정리

- 스캠 코인은 투자자 욕망을 자극해 '한탕'을 노린다.
- 높은 수익률 약속, 팀 정보 부재, 허술한 기술력 등이 공통 특징
- 겉포장에 속지 말고 백서, 팀, 거래소, 코드 등 객관적 정보로 판단
- "검증되지 않은 코인에는 절대 큰돈을 넣지 마라."

따라 해보기

1. 관심 있는 코인의 백서를 반드시 읽어보기
2. 팀원 이름, 경력, 활동을 구글·링크드인으로 검색
3. 깃허브GitHub 활동 여부 확인 → 코드가 지속적으로 올라오는지 확인
4. 거래소 상장 현황 체크 → 오직 DEX만 있다면 1차 경고
5. 커뮤니티 반응 분석 → 비판적 질문이 막히거나 삭제된다면 2차 경고
6. 수익률이 너무 달콤하다면? → 무조건 의심부터 하자

텔레그램 펌핑방, 에어드랍 사기
공짜에 혹하면, 돈을 잃는다

"지금 이 코인 들어오세요! 10배 갑니다!"

텔레그램, 디스코드, 카카오톡 등 메신저 앱을 통해 초보 투자자를 노리는 '펌핑방(가격 띄우기 방)'과 '에어드랍 사기(공짜 코인 주는 척)'가 성행하고 있다. 이들은 "내부 정보"라며 믿음을 주고, "단 몇 분 만에 수익을 보장한다"는 말로 욕망을 자극한다. 하지만 실제로는 초보자들의 돈을 노리는 함정일 뿐이다.

① 펌핑방 사기 구조

단계	설명
1단계	"무료 정보방입니다"라며 초대 메시지를 보냄
2단계	"내부 정보로 곧 오를 코인을 알려드립니다"
3단계	다 같이 특정 시간에 코인 매수 유도(펌핑)
4단계	호응에 따라 가격 급등 → 초보자 유입
5단계	사기꾼은 고점에서 매도 → 초보자만 폭락 피해

이 방식은 이른바 '러그풀'+'펌핑 앤 덤프' 전형이다. 가격이 오른 건 실체가 아닌 조직된 사기 세력의 작전이다.

② 에어드랍 사기의 덫

에어드랍은 원래 블록체인 프로젝트에서 홍보 차원으로 사용자에게

코인을 무료로 나눠주는 방식이다. 하지만 스캠 세력은 이걸 악용한다.

사기 유형	설명
지갑 연결 유도	"에어드랍 받으려면 이 사이트에 지갑을 연결하세요" →악성 사이트에서 지갑 탈취
수수료 요구	"수수료 1USDT만 보내주면 1000개 드림" → 보내면 끝
개인정보 수집	"이메일, 전화번호, 생년월일 입력" → 스팸/피싱에 활용

결국 공짜 코인은커녕, 내 자산이 사라지는 결과를 낳는다.

실전 사례: 한 투자자의 후기

한 투자자는 "친절하고 고급 정보만 주는 텔레그램방"에 들어가 "내부자 거래"라는 명목의 정보를 받고 ○○코인을 매수했지만, 30분 만에 가격이 급락했고 거래도 막혔다. 이후 텔레그램 방은 사라지고, 운영자는 연락 두절됐다. 투자자는 본인 돈 수십만 원을 잃고 멘붕에 빠졌다.

요약 정리

- 텔레그램 펌핑방은 '내부 정보'를 빌미로 한 가격조작 작전
- 에어드랍 사기는 지갑 해킹, 소액 수수료 갈취, 정보 수집이 목적
- 모든 정보는 반드시 공식 채널에서만 확인하고,
- 지갑 연결이나 송금은 절대 신중하게 해야 한다.

따라 해보기

1. 텔레그램·디스코드에서 "내부자 정보", "곧 10배" 같은 말이 나오면 바로 차단
2. 코인 에어드랍 링크를 받았을 때, 도메인 주소가 이상하거나 지갑 연결을 요구한다면 무조건 아웃
3. 공식 프로젝트가 아니라면, 지갑 연결 절대 금지
4. "수수료만 주세요", "전송하면 두 배로 돌려드림"→무조건 사기

'보내면 2배로 돌려줄게'의 진실
이벤트인 줄 알았죠? 알고 보니 완전한 사기

"비트코인 보내면 2배로 돌려드립니다!"

트위터, 유튜브, 인스타그램, 심지어 유튜브 광고에도 등장한다. 일론 머스크, 찰스 호스킨슨(카르다노 창업자), 바이낸스 CEO 등 유명 인사 인터뷰 영상이 흘러나오고, 그 밑에 이렇게 적혀 있다.

"지금 비트코인 0.1BTC를 보내면, 0.2BTC를 돌려드립니다." "이벤트 기간 한정! 늦으면 끝!"

하지만 이건 모두 100% 사기이다. 보낸 코인은 절대로 돌아오지 않고, 보낸 당신만 당한다. 어떻게 이런 영상이 가능한 걸까? 대부분은 기존의 인터뷰 영상에 AI로 목소리나 자막을 조작해서 마치 이벤트처럼 보이게 만든 거다. 최근에는 딥페이크까지 등장해 실제 유명인이 말하는 것처럼 속이기도 한다. 이 사기꾼들은 수백 개의 웹사이트와 SNS 계정을 만들고 하루에도 수천 명의 피해자를 노린다. 당연한 이야기지만, 그들은 당신의

코인을 받기만 할 뿐, 다시 돌려줄 이유가 없다. 심지어 웹사이트에는 "전 세계 10만 명이 이미 혜택을 받았습니다" "지금이 마지막 기회입니다" 같은 거짓 후기도 올라와 있다. 모두 심리적 조급함과 욕망을 동시에 자극하는 수법이다.

실전 피해 사례

한 직장인 A씨는 유튜브 광고를 통해 "0.01BTC 보내면 0.02BTC를 돌려준다"는 문구를 보고 믿을 수 없지만 혹시나 하는 마음에 전송했다. 하지만 기다려도 아무 응답도 없고, 전송한 주소는 조회가 되지만 도착한 코인은 그저 사기꾼 지갑에 들어가 있을 뿐이었다.

'2배 돌려줄게' 사기 구별법

징후	설명
유명인 영상+짧은 시간 제한	"3시간 이내 전송만 유효!" 같은 말이 붙음
도메인 주소가 낯설고 길다	예: elon-giveaway-superbtc-event2025.com
실시간 입금 내역이 보인다	가짜 트랜잭션 목록으로 신뢰 유도
후기/댓글이 모두 긍정적	전형적인 조작 리뷰로 속이려는 수법

진짜 프로젝트는 이런 식으로 돈을 받지 않는다

- 어떤 공식 프로젝트도 미리 돈을 받는 방식으로 이벤트를 진행하지 않는다.
- 공식 에어드랍이나 보상은 자체 앱 또는 플랫폼 안에서만 진행된다.

- 공식 링크는 항상 트위터 인증 계정, 홈페이지, 깃허브 등에서 확인해야 한다.

> 💰 요약 정리
>
> - "보내면 돌려준다"는 모든 이벤트는 100퍼센트 사기
> - AI, 딥페이크, 가짜 사이트 등을 이용한 신종 수법 주의
> - 유명인 사진이나 영상이 있어도 절대 믿지 말 것
> - 공식 프로젝트는 절대 코인을 먼저 받지 않는다.

따라 해보기 👍

1. "보내면 2배로 돌려준다"는 말이 보이면 즉시 '사기다!'라고 판단
2. 웹사이트 주소가 이상하거나, 실시간 입금 목록이 보이면 100퍼센트 조작된 사이트
3. 영상이 AI 음성 같거나, 너무 허접한 자막일 경우 딥페이크 사기 가능성
4. 공식 채널 외에는 절대 지갑 주소에 코인 송금하지 않기

사기 예방 체크 리스트
이 다섯 가지만 지켜도, 절반은 막는다

왜 체크 리스트가 필요한가?

암호화폐 시장은 자유롭고 개방적이지만, 그만큼 자기 자신이 보안의 최종 책임자가 된다. 실제로 코인 투자자 중 많은 이들이 "나는 조심했다

고 생각했는데……"라는 말을 남긴다. 그러니까 더더욱 체계적인 사기 예방 습관이 중요하다.

사기 예방 5대 체크 리스트

항목	질문	체크 기준
① 프로젝트 정보	이 코인의 백서와 팀은 누구인가?	백서에 기술·목표·로드맵이 구체적으로 나와 있는가? 팀원 실명이 확인 가능한가?
② 공식 채널 확인	정보를 어디서 얻었는가?	트위터 공식 계정, 홈페이지, CoinMarketCap 등의 인증된 채널인가?
③ 거래소 상장 여부	이 코인은 어디에서 거래 가능한가?	업비트, 바이낸스 등 신뢰 가능한 거래소에 상장되어 있는가?
④ 지갑 보안	나의 지갑은 안전한가?	시드 문구를 누구에게도 공유하지 않았는가? 하드 월렛 보관인가?
⑤ 투자금 관리	내가 감당할 수 있는 손실인가?	여유 자금만 투자했는가? 전체 자산의 10~20%를 넘지 않는가?

경고 신호가 뜨면? 'STOP 3단계 원칙'

"모르면 하지 마라"는 말은 이 시장에선 최고의 생존 전략이다.

1. STOP – 바로 멈추고, 흥분된 감정을 가라앉히기
2. CHECK – 사실 여부를 확인 (검색, 커뮤니티, 전문가 등)
3. ACT – 확인 후에도 불안하면, 투자하지 않는 것이 정답

사기 방지 생활 습관 3가지

1. 지갑 시드 문구는 종이에 써서 금고에 보관

2. 누가 지갑 주소 보내 달라고 하면 무조건 거절

3. 에어드랍, 투자 권유는 무조건 한 번 더 확인

추가 보안 팁

- 2단계 인증(OTP)은 필수
- 메타마스크 등 브라우저 지갑은 피싱에 취약하니 주의
- 스마트폰보다 하드웨어 지갑(콜드월렛) 사용 추천
- 모르는 사람이 보내는 링크는 절대 클릭 금지

> **요약 정리**
>
> - 사기는 방심할 때 찾아온다.
> - 백서, 팀, 거래소, 보안, 자금 등 5대 체크 리스트를 항상 점검
> - 감정이 앞서면 STOP → CHECK → ACT
> - 보안은 습관이고, 습관은 생존이다.

따라 해보기

1. 코인 투자 전 체크리스트 5가지 반드시 점검
2. 텔레그램·SNS에서 받은 정보는 공식 채널로 교차 확인
3. 감정적인 결정을 하기 전 'STOP 3단계' 원칙 기억하기
4. 하드 월렛 사용, 시드문구 오프라인 보관 습관화

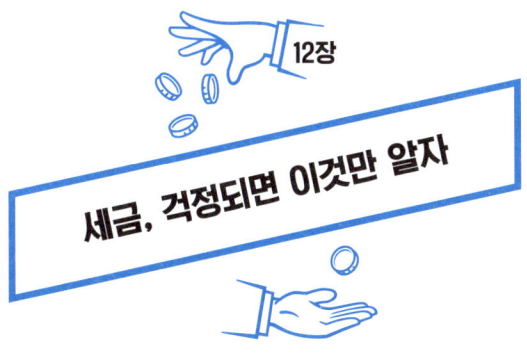

12장 세금, 걱정되면 이것만 알자

"피할 수 없는 것은 죽음과 세금이다."
-벤저민 프랭클린

가상자산 세금은 왜 내야 해?
코인도 이익이 나면, 당연히 과세 대상

세금? 코인에도 붙는다고?

많은 사람이 '비트코인이나 이더리움 같은 가상자산은 정부가 통제하지 못하는 거니까 세금도 내지 않아도 되는 거 아냐?'라고 생각한다. 하지만 현실은 다르다. 대한민국 정부는 이미 가상자산을 "재산적 가치가 있는 자산"으로 인정하고 있고, 해외 선진국들 또한 가상자산 수익에 세금을 부과하고 있다. 즉, 주식으로 돈 벌면 세금 내듯 코인으로 수익을 보면 과세 대상이 된다.

한국에서는 어떤 기준으로 과세할까?

정부가 세금을 걷는 이유는 첫째 공평한 과세 원칙 때문이다. 주식이든, 부동산이든, 코인이든 이익을 얻었으면 일정 세금을 내는 것이 원칙이다. 둘째 투자 수익의 양성화를 위해서다. 지금까지는 암호화폐 투자 수익을 숨기기 쉬웠지만, 이제는 거래소와 정부가 연동되어 수익 신고가 점점 투명해지고 있다. 셋째 세금을 통해 가상자산을 합법적인 자산군으로 끌어들이고 건전한 시장 형성을 유도하려는 목적도 있다.

현재 한국은 가상자산을 '기타소득'으로 분류하고, 차익(이익)에 대해 세금을 부과하려고 하고 있다. 예를 들어 내가 2026년 1월에 1BTC를 3,000만 원에 사서 2026년 12월에 4,000만원에 팔았다면, 이익은 1,000만 원이니 여기에 대해 세금을 부과하겠다는 것이다. 다만, 2025년까지는 과세 유예 상태이며, 2026년부터 본격적으로 과세가 예정돼 있다.

현금화 안 했어도 과세 대상일 수 있다

중요한 건 '팔았냐'이다. 코인을 보유만 하고 있다면 과세 대상이 아니지만, 판매(현금화), 다른 코인과 교환, 서비스 구매 등으로 실현되면 과세 대상이 된다.

예를 들어 ▶ETH로 NFT를 구매했거나 ▶A코인을 B코인으로 바꿨다면, 이 또한 '처분'으로 간주될 수 있다.

오직 '순이익'에만 과세한다

단, 총 수익이 아닌 차익(순이익)에 대해서만 과세된다. 즉, 내가 코인을 100만 원에 샀다가 300만 원에 팔면 이 중 '200만 원'이 과세 대상이다. 손해를 본 경우에는 당연히 세금도 없다.

> **요약 정리**
> - 코인으로 수익이 나면 세금을 내야 하는 건 합리적인 과세 원칙
> - 주식·부동산과 마찬가지로, 수익이 실현된 순간이 기준
> - 아직은 유예 중이지만, 2026년부터는 본격 시행 예정
> - 세금은 '수익'에만 부과되며, 손해를 본 경우에는 과세 대상 아님

따라 해보기

1. "나는 코인으로 수익을 봤는가?"부터 점검
2. '얼마에 사서 얼마에 팔았는지' 수익 구간을 엑셀에 정리
3. 현금화 여부, 타 코인과의 교환 등도 실현으로 간주되는지 체크
4. 2026년 과세 시행 전까지는 준비 기간이라 생각하고 연습해 보기

세금이 붙는 경우와 안 붙는 경우
내가 한 거래, 과세 대상일까?

코인 관련 모든 활동이 다 세금 대상은 아니다. 세금은 '이익'이 생겼을 때, 그리고 그 이익이 실현되었을 때만 부과된다. 즉, 단순히 보유 중이라면 세금이 부과되지 않고 팔아서 이익이 났다면 세금이 부과된다. 여기서 중요한 건 '이익 실현Realization'이라는 개념이다.

세금이 붙는 경우(과세 대상)

거래 유형	과세 여부	이유
코인을 팔고 원화(현금)로 바꿈	부과됨	수익이 실현됨
A코인을 B코인으로 교환	부과됨	처분한 것으로 간주
비트코인으로 NFT 구매	부과됨	코인을 소비한 행위
에어드랍 받은 코인을 팔아서 수익	부과됨	받은 시점 가격 기준 수익 발생 시 과세
스테이킹 리워드 수령 후 매도	부과됨	보상 받은 후 처분으로 수익 실현

세금이 안 붙는 경우(비과세)

거래 유형	과세 여부	이유
단순히 코인을 보유 중	없음	수익 미실현
하드 월렛에 보관만 함	없음	이동만 했을 뿐 거래 아님
에어드랍 받았지만 매도 안 함	없음	아직 처분하지 않아 수익 실현 안 됨
손실 본 거래	없음	수익이 없으므로 세금도 없음
해외 거래소에서 거래했지만 수익 없음	없음	과세는 수익 발생 기준으로 적용

애매한 케이스 – 주의 필요!

1. 타인에게 코인을 보내줬다?

    ➡ 증여로 간주될 수 있고, 경우에 따라 증여세 대상

2. NFT 거래로 수익을 봤다?

    ➡ 해당 NFT의 처분 가치에 따라 과세 대상

3. 거래소 간 이동? 보관 목적 이동이라면 과세 대상 아님. 하지만 거래 목적이라면 실현으로 볼 수 있음

💰 요약 정리

- 팔았을 때, 바꿨을 때, 썼을 때 세금이 붙는다
- 단순 보유, 손해, 이동만 한 경우는 세금 없음
- 애매한 케이스는 세무 전문가나 국세청 상담 권장
- '실현된 수익'만 세금 대상이라는 원칙 기억하기

따라 해보기 👍

1. 내 모든 코인 거래를 항목별로 정리
2. '팔았는가?', '교환했는가?', '소비했는가?'로 분류
3. 수익이 실현된 항목만 따로 표기
4. 애매한 거래는 미리 국세청 상담센터 또는 세무사에 문의

거래소 세금 신고 방법

언제, 어디서, 어떻게 신고해야 할까?

2026년부터 한국은 가상자산 과세 제도 정식 시행을 앞두고 있으며, 가상자산 수익도 연말정산 또는 종합소득세 신고 대상이 된다. 아직 낯설지만, 실제 신고 절차는 생각보다 단순할 수 있다. 여기서는 기본 개념과 준비 사항, 그리고 국내 거래소 기준으로 신고 절차를 소개한다.

신고 시기

항목	내용
과세 대상 연도	매년 1월 1일 ~ 12월 31일까지의 수익
신고 기간	다음 해 5월 1일 ~ 5월 31일 (종합소득세 기간)
납부 기간	신고와 동시에 납부 (기한 후 납부 시 가산세 발생)

과세 기준(2026년 예정 기준)

- 기타 소득으로 분류
- 250만 원 기본공제 후,
- 그 이상 수익에 대해 20퍼센트 세율 (3억 초과분은 25퍼센트)
- 지방세 2퍼센트 별도→실질적으로는 약 22퍼센트 세금

예시) 수익 500만 원이라면 → 250만 원 공제 후 250만 원 과세 대상
　　　→ 약 55만 원 세금 발생

어떤 서류가 필요할까?

업비트, 빗썸 등 국내 거래소는 자동으로 거래내역 요약 리포트를 제공할 예정이다.

필요 자료	제공처	용도
연간 거래내역서	거래소	수익 계산의 기초 자료
매수/매도 가격, 수량	거래소	차익 계산
입출금 내역	거래소	보유 내역 확인
기타소득 신고서	홈택스	직접 입력 또는 회계프로그램 이용

홈택스를 통한 신고 절차 요약

1. 국세청 홈택스 접속
2. '종합소득세 신고' 메뉴 클릭
3. '기타소득' 항목 선택
4. 거래소에서 받은 연간 수익 자료 입력
5. 자동 계산된 세금 확인 → 납부

* 세금 자동 계산기나 간편신고 서비스도 2026년부터 활성화될 예정

초보자나 거래 내역이 복잡한 경우에는 세무 대리인을 통한 신고도 가능하다.

- 비용은 10만~30만 원 선
- 복잡한 해외거래·NFT·디파이 등을 포함했다면 전문가 추천

주의할 점

- 코인별 수익이 아닌, 전체 차익 합산 후 신고
- 수익이 250만 원 이하라도 신고는 해야 가산세 면제 가능
- 해외 거래소 거래 내역도 포함해야 함 (다음 소제목에서 다룸)

요약 정리

- 코인 수익은 매년 5월 종합소득세 신고 기간에 신고
- 거래소에서 제공하는 자료 기반으로 홈택스 입력
- 수익 250만 원 초과분부터 과세 (약 22퍼센트 부과)
- 세무사 도움도 가능하고, 자동화 서비스도 점차 확산 예정

따라 해보기

1. 연말에 거래소에서 거래내역 요약 파일 다운로드
2. 수익 정리 → 공제 제외한 과세 대상 금액 계산
3. 5월에 홈택스 접속 → '기타소득' 항목에 입력
4. 자동 계산된 세금 확인 후 납부
5. 필요한 경우 세무사에게 위임

해외 거래소 사용 시 유의사항

바이낸스 썼다고 탈세가 되는 건 아니지만

해외 거래소도 세금 대상이다

많은 투자자가 바이낸스, 쿠코인, MEXC 같은 해외 거래소를 사용하고 있다. 국내 거래소보다 더 다양한 코인을 사고팔 수 있고, KYC 인증 없이도 거래가 가능한 경우가 많기 때문이다. 하지만 중요한 사실이 있다. "해외 거래소 거래라고 해서 세금이 면제되는 건 아니다."

세법은 '거래소 위치'가 아닌, '거주자 기준'으로 적용된다. 즉, 당신이 한국에 살고 있다면 국내·해외 어디에서 수익을 내든, 과세 대상이다.

신고 안 하면 어떻게 될까?

지금까지는 정부가 해외 거래소 거래까지 파악하긴 어려웠지만, 2026년부터는 국제 과세정보 자동교환 시스템CRS과 국내 거래소 신고 의무 강화 등으로 해외 코인 거래도 추적 가능성이 커질 예정이다.

따라서, ▶고의 누락은 추징+가산세 부과 ▶반복될 경우 조세범으로 처벌받을 가능성도 있다.

해외 거래소 거래 시, 어떻게 신고하나?

국내 거래소처럼 자동 리포트 제공이 없기 때문에 직접 거래내역을 정리해서 신고해야 한다.

항목	방법
거래내역 수집	바이낸스 등 거래소에서 CSV 파일 다운로드
수익 계산	매수-매도 차익 계산, 스테이킹 리워드 포함
환율 적용	거래일 기준 환율로 원화 환산
신고 방식	기타소득 항목에 수동 입력 또는 세무사 위임

* 특히 해외 거래소의 수익은 거래일 기준 환율 적용이 핵심

국외 금융계좌 신고 의무

연간 5억 원 이상의 해외 금융자산을 보유했다면 국외 금융계좌 신고 대상이다. 국세청에 별도 신고해야 하며, 미신고 시 최대 20퍼센트의 과태료가 부과된다. 그러니 예를 들면, 바이낸스 계좌 잔고가 5억 원을 넘은 시점 또는 해당 연도의 6월 1일~30일 사이에 신고하는 것이 필요하다.

요약 정리

- 해외 거래소 거래도 한국 국세청 과세 대상
- 자동 신고 시스템이 없으므로 직접 자료 수집 및 계산 필요
- 매도 시점 수익, 환율 기준, 보유 자산 금액에 따라 주의 필요
- 연 5억 원 이상은 국외 금융계좌 신고도 병행해야 함

따라 해보기

1. 해외 거래소 거래내역 파일(CSV) 미리 백업
2. 수익 계산 시 거래일 환율 적용
3. 연말 기준 보유 자산 5억 원 이상이면 국외 금융계좌 신고 고려
4. 신고 자체가 어렵다면 세무 전문가에 위임하는 것도 방법

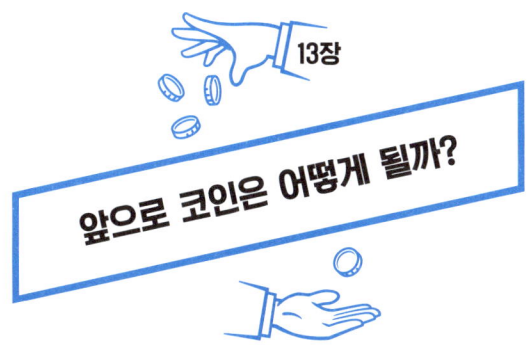

13장 앞으로 코인은 어떻게 될까?

"미래를 예측하는 가장 좋은 방법은 그것을 창조하는 것이다."
–앨런 케이 (컴퓨터 과학자)

비트코인 ETF, 기관투자자의 등장

비트코인이 월가에 상장되다!

비트코인 ETF란 무엇일까?

ETF Exchange Traded Fund(상장지수펀드)는 주식처럼 거래소에서 사고팔 수 있는 펀드이다. 그리고 비트코인 ETF는 말 그대로 비트코인의 가격을 추종하는 ETF이다. 투자자는 비트코인을 직접 사지 않아도, 비트코인에 투자한 것과 동일한 효과를 얻을 수 있다. ETF는 증권계좌만 있으면 주식처럼 편하게 사고팔 수 있기 때문에, 암호화폐를 잘 모르는 일반 투자자나 강한 규제를 받는 기관투자자들도 쉽게 접근할 수 있다는 장점이 있다.

비트코인 ETF가 등장한 이유는?

오랫동안 미국 SEC(증권거래위원회)는 "비트코인은 변동성이 크고 시장 조작 위험이 있다"며 ETF 승인을 거부해왔다. 하지만 2024년, 마침내 미국에서 비트코인 현물 ETF가 승인되면서 비트코인은 제도권 금융시장으로 첫발을 내디뎠다.

- 2024년 1월, 블랙록·피델리티·ARK 등 주요 자산운용사가 비트코인 현물 ETF 상장
- 전통 금융시장에 상장된 첫 번째 암호화폐 ETF
- '비트코인은 이제 불법이 아닌 제도권 자산'이라는 인식 확산

기관투자자들이 들어오기 시작했다

비트코인 ETF가 승인되면서 그동안 코인 시장 밖에 머물던 대형 기관 자금이 유입되기 시작했다.

기관투자자 자금 유입으로 다음의 효과가 예상되고 있다.

- 시장에 안정성과 신뢰성 부여
- 가격의 장기 상승 가능성 증가
- 암호화폐 시장의 성숙화 촉진
- 금융 규제와의 접점 형성으로 제도권 진입 가속화

예를 들어, 2024년 ETF 승인 이후 비트코인 가격은 수개월 만에 70,000달러를 돌파하며 전 세계적인 주목을 받았다.

ETF가 개인 투자자에게 주는 의미
- 코인을 직접 사는 게 무섭다면? ETF로 시작할 수 있음
- 지갑, 키 관리 등 복잡한 절차 없이 주식처럼 손쉽게 투자 가능
- 기관 자금의 유입은 코인 가격의 장기 상승 기대감을 높임
- 투자처가 넓어짐으로써 코인 시장의 정책 리스크 완화

💰 **요약 정리**

- 비트코인 ETF는 비트코인을 추종하는 주식형 상품
- 2024년 미국 ETF 승인 이후, 제도권 진입 본격화
- 기관투자자 유입 → 시장의 신뢰성과 안정성 ↑
- 초보자에게도 ETF는 코인 시장 입문을 위한 간접 투자 수단

따라 해보기 👍

1. "코인 직접 사기 어려워…" → 증권사 앱에서 비트코인 ETF 검색
2. 거래 가능한 ETF: $IBIT (블랙록), $FBTC (피델리티) 등
3. 투자 전, 해당 ETF가 '현물형'인지 확인
4. ETF도 결국 가격이 오르내리니, 타이밍과 분산투자 고려
5. 장기적으로 코인 시장이 제도화된다는 큰 흐름을 기억하자.

중앙은행 디지털 화폐CBDC의 흐름
비트코인과는 다르지만, 디지털 화폐의 미래는 분명해졌다

CBDC는 무엇인가?

CBDC란 Central Bank Digital Currency, 즉 중앙은행이 발행하는 디지털 형태의 법정화폐이다.

- 우리가 사용하는 종이 지폐나 동전을 디지털화한 것
- 비트코인과는 달리 국가가 보증하고 통제하는 통화
- 은행 없이도 중앙은행이 직접 발행·유통 가능

요약하면, 블록체인 기술을 참고했지만 중앙화된 디지털 화폐라고 보면 된다.

왜 각국이 CBDC에 관심을 갖는 걸까?

현금 사용은 점점 줄고 있고, 비트코인 같은 민간 가상자산이 영향력을 키우고 있다. 이에 대응하기 위해 각국 정부와 중앙은행들은 화폐 주권을 지키기 위해 CBDC 개발에 나선 것이다.

이유	설명
자금세탁, 탈세 방지	모든 거래가 기록되므로 추적 용이
화폐 발행·관리 비용 절감	지폐 인쇄·운송 비용이 없음
금융포용성 확대	은행 없는 지역도 디지털 지불 가능
핀테크와 통합	결제 시스템의 혁신 가능

주요 국가들의 CBDC 현황

국가	현황
CN 중국	디지털 위안화DCEP 실사용 단계
KR 한국	CBDC 시범사업 진행 중 (한은 + 카카오 블록체인)
EU 유럽	디지털 유로 프로젝트 연구 진행
US 미국	'디지털 달러' 검토 중, 본격 실행은 미정

중국은 2022년 동계올림픽 당시 디지털 위안화를 실제 결제에 사용해 세계 최초로 CBDC 실사용 국가가 되었다.

CBDC와 암호화폐, 뭐가 다를까?

항목	CBDC	비트코인 등 암호화폐
발행 주체	중앙은행	민간(탈중앙화)
발행량	정부 통제	알고리즘 기반(한정)
변동성	낮음(안정적)	높음(투자 자산)
사용 목적	화폐, 결제 수단	가치 저장, 투자

CBDC는 정부가 발행하고 규제하는 법정화폐, 암호화폐는 탈중앙 기술로 운영되는 민간 자산이다.

두 가지는 경쟁하는 것이 아니라, 서로 다른 역할을 가진다.

투자자 입장에서 CBDC는 어떤 의미일까?

- 정부의 규제가 더 정교해질 수 있음
- 비트코인 등 민간 코인에 대한 감시 강화 가능성
- 반대로, 디지털 자산 생태계에 대한 인식 개선 효과
- 디지털 결제와 암호화폐 간 호환성 향상 가능성

즉, CBDC는 암호화폐의 '대체자'가 아니라, 법정화폐의 디지털 진화형이다. 결국 디지털 화폐 시대는 더 빨리 다가올 수밖에 없다는 신호다.

요약 정리

- CBDC는 중앙은행이 발행하는 디지털 화폐
- 각국은 화폐 주권과 경제 디지털화를 위해 CBDC에 투자 중
- 암호화폐와는 성격이 다르며, 경쟁보다는 공존 가능성
- 투자자 입장에선 규제 강화와 생태계 확장 두 가지 흐름을 모두 고려해야 함

따라 해보기

1. 뉴스에서 'CBDC', '디지털 화폐' 관련 키워드를 꾸준히 모니터링
2. 한국은행, 중국인민은행 등의 공식 보도자료 참고
3. 암호화폐 투자 시, 정부 규제나 디지털 통화 흐름을 함께 고려
4. CBDC가 출시되더라도 암호화폐의 역할은 사라지지 않음을 이해하기

Web3와 암호화폐의 확장
인터넷의 진화가 코인을 밀어 준다

Web3란 무엇일까?

Web3는 차세대 인터넷을 뜻한다. Web1은 읽기Read, Web2는 읽기+쓰기Read+Write, Web3는 여기에 소유권Ownership까지 더한 개념이다. 탈중앙화된 인터넷으로, 사용자가 데이터를 직접 소유하고, 중개자 없이 거래와 활동을 할 수 있는 구조이다. 예를 들어, 지금은 유튜브에서 영상을 올리면 조회 수는 유튜브가 관리하고, 수익도 유튜브가 가져간다. 하지만 Web3에서는 그 영상의 저작권, 수익, 통제권을 크리에이터가 직접 갖게 되는 것이다.

Web3가 왜 중요한가?

기존 Web2 인터넷은, 구글, 메타 등 플랫폼이 정보를 독점하는 형태로, 이용자는 단순 소비자에 머물며 데이터는 기업이 보관하고 활용한다. 하지만 Web3는, 블록체인 기술을 기반으로, 중앙 서버 없이 투명한 시스템으로 운영되고 모든 데이터와 자산을 사용자 본인이 직접 소유한다. 이에 따라 "인터넷의 민주화"라고도 불릴 만큼 기술적+경제적 자유를 동시에 제공한다.

암호화폐는 Web3의 핵심 연료

Web3에서 암호화폐는 단순한 투자수단이 아니다.

오히려 플랫폼의 • 보상 시스템 • 투표 권한 • 자산 이동 수단으로 실제

경제시스템의 기축통화 역할을 한다.

Web3 서비스	암호화폐의 역할
NFT 마켓	거래 수단, 로열티 지급
DAO(탈중앙화 조직)	의결권, 참여 보상
디파이(탈중앙 금융)	예치, 대출, 이자 수단
게임Fi	보상, 아이템 소유권 거래

Web3의 실제 사례들

① NFT Non-Fungible Token

- 디지털 자산에 고유한 소유권을 부여
- 이미지, 영상, 음악 등 콘텐츠 소유 증명

② DAO Decentralized Autonomous Organization

- 중앙 없이 운영되는 조직
- 구성원이 직접 의사결정(예: 헌법DAO, PleasrDAO)

③ DeFi Decentralized Finance

- 은행 없이도 대출, 예금, 보험 가능
- 플랫폼: Uniswap, Aave, Compound 등

④ Web3 SNS
- 예: Lens Protocol, Farcaster
- 내 게시물, 내 팔로워가 나의 자산이 되는 구조

앞으로의 확장 가능성

Web3는 아직 초기 단계이지만, 인터넷의 패러다임이 바뀌고 있고 암호화폐는 그 핵심 인프라로 작동 중이다. 특히,
- 스마트폰의 대중화가 모바일 혁명을 이끌었듯
- Web 전용 브라우저, 지갑, 서비스들이 성장하면
- 암호화폐는 일상생활의 실제 결제 수단이 될 수도 있다.

요약 정리

- Web3는 사용자가 데이터와 자산을 직접 소유하는 인터넷
- 암호화폐는 Web3 생태계에서 필수적인 동력(연료)
- NFT, DAO, DeFi 등 다양한 분야에서 활용 중
- Web3 확장은 곧 암호화폐의 실사용 확산과 직결

따라 해보기

1. Web3 관련 뉴스나 프로젝트 살펴보기(예: Lens, ENS, Uniswap)
2. 작은 금액으로 Web3 기반 앱 체험해 보기
3. Web3 자산은 본인이 직접 관리하므로 지갑 사용법 익히기
4. Web3 성장 가능성을 투자 관점에서 장기적으로 지켜보기

내가 지금 시작해도 될까?

늦었다고 생각할 때가 진짜 시작할 때!

지금 시작해도 늦지 않았을까?

비트코인은 2009년에 처음 등장했다. 벌써 10년이 넘었고, 가격도 몇백 배 뛰었다. 그래서 많은 초보 투자자들이 이렇게 생각한다. "나는 너무 늦은 거 아닐까?" "이제 들어가면 고점에 물리는 거 아냐?" "이미 다들 돈 벌고 나간 시장 아닌가……"

하지만 실제로는 지금이 시작점일 수도 있다. 왜냐하면 암호화폐 시장은 이제 막 제도권에 진입하는 중이기 때문이다.

코인 시장은 아직 초입일까?

1. 비트코인 ETF 승인 → 기관 자금 유입 시작
2. 각국 정부의 CBDC 실험 → 디지털 자산 환경 정비
3. Web3 인프라 성장 → 사용 기반 확장
4. 글로벌 기업들의 코인 결제 도입 (예: 테슬라, 스타벅스 등)

이런 흐름을 보면, 암호화폐는 '실험 단계'를 지나 점점 일상에 스며드는 단계로 이동하고 있다. 즉, 지금은 단기 급등보다 장기 생태계 확장에 투자하는 시기이다.

"지금 들어간다고 다 돈 버는 건 아니잖아요?"

맞다. 아무리 좋은 시장이어도 무턱대고 투자하면 손실이 날 수 있다. 그래서 더더욱, '지금부터 천천히' 배우고, '지금부터 작게라도' 시작하는 것이 중요하다.

성공한 투자자들의 공통점은 ▶시장을 이해하려고 노력했고 ▶장기적 관점에서 꾸준히 학습했으며 ▶한 번에 몰빵하지 않았다는 점이다.

지금 시작한다면, 이렇게 해보자

1단계: 계좌 개설+소액 투자
- 업비트나 빗썸 같은 국내 거래소에 가입
- 1만~3만 원 정도로 연습 삼아 코인 매수
- 비트코인, 이더리움처럼 대표 코인부터 시작

2단계: 정보 채널 만들기
- 매일 뉴스, 유튜브, 커뮤니티에서 정보 탐색
- 자신만의 관심 코인 추려보기

3단계: 꾸준한 공부+투자 전략 세우기
- 분산투자, 포트폴리오 구성 연습
- 차트 기초 공부
- 절대 '몰빵'하지 않기

4단계: 감정 조절 훈련
- 오르면 들뜨지 않고
- 떨어져도 덤덤하게
- FOMO에 휘둘리지 않기

투자보다 중요한 '리스크 관리'
- 코인은 높은 수익 가능성만큼 위험도 크다는 걸 꼭 기억하자.
- 본인의 감당 가능한 손실 한도를 정해두는 것, 그리고 그 범위 안에서만 투자하는 것이 핵심이다.

요약 정리
- 암호화폐 시장은 지금도 '성장 중'인 초기 산업
- 지금은 실사용 확장과 제도권 진입의 '전환기'
- 중요한 건 빠르게 들어가는 게 아니라, 천천히라도 꾸준히 배우는 자세
- 소액부터 시작해서 '습관'을 만드는 것이 진짜 시작!

따라 해보기
1. 업비트 또는 빗썸에 가입 → 인증 완료
2. 1만~3만 원 정도로 비트코인 또는 이더리움 매수
3. 매일 아침 코인 관련 뉴스 1개씩 읽기
4. 한 달 동안 매주 1회, 투자 리포트 작성
5. 공부한 내용은 메모 앱이나 노트에 정리해서 저장

맺는 말

아는 만큼 보이고,
준비한 만큼 지켜낼 수 있다

이 책을 끝까지 읽은 당신, 정말 잘 해냈습니다. 어쩌면 처음에는 '코인'이라는 말 자체가 낯설었을지 모릅니다. 지갑이 뭐고, 차트가 뭔지조차 모르겠고, 누군가는 "요즘엔 다 코인 한다더라"는 말에 조급함만 커졌을 수도 있습니다. 하지만 그럴수록 중요한 건, 자신의 속도대로 천천히 배우는 것입니다.

누구나 처음은 낯설고 어렵습니다. 중요한 건 무턱대고 뛰어드는 게 아니라, 배우고, 이해하고, 판단할 수 있는 힘을 갖는 것입니다. 이 책이 그 힘을 길러주는 첫 디딤돌이 되기를 진심으로 바랍니다.

지금 암호화폐 시장은 단지 투자의 대상이 아니라, 새로운 디지털 세상의 일부가 되어가고 있습니다. 지금은 단지 가격이 오르고 내리는 자산처럼 보일 수 있지만, 이 기술은 우리의 삶, 경제, 인터넷 사용 방식까지 조용히, 그러나 빠르게 바꾸고 있습니다. 그리고 그 변화는, 준비된 사람들에게 기회로 다가옵니다.

혹시 아직도 "잘 모르겠다"고 느낀다 해도 괜찮습니다. 공부는 한 번으로 끝나는 게 아니고, 성공적인 투자는 습관입니다. 이 책을 닫고 나서도 하루에 5분씩 코인 뉴스를 읽고, 주말마다 차트를 한 번 복기해보고, 자신만의 기준을 세우며 작은 금액으로 꾸준히 실천해보세요. 그러다 보면, 당신만의 투자 언어가 생기고, 당신만의 기준과 통찰이 자라날 겁니다.

"아는 만큼 보인다"는 말이 있습니다. 그건 코인 투자에서도 정확히 들어맞는 말입니다. 하지만 거기에 한 가지를 더하고 싶습니다.

"준비한 만큼 지켜낼 수 있다."

무엇을 살지보다 더 중요한 건 왜 사고, 언제 팔고, 어떻게 지킬지를 아는 것입니다. 그 기준을 스스로 세울 수 있는 당신이 되기를 바랍니다.

이제, 당신은 코인을 처음 만났고, 배웠고, 이해하기 시작했습니다. 그리고 그건 앞으로 펼쳐질 기회의 문 앞에 서 있는 당신에게 가장 강력한 무기가 될 겁니다. 어서 와, 코인은 처음이지? 이제는 당당히 말할 수 있죠.

"응, 이제 조금은 알아."

부록

코인 용어 사전
처음 보는 말, 이제는 안 헷갈려!

용어	뜻	한 줄 설명
비트코인BTC	첫 번째 암호화폐	디지털 자산의 시작이자 대표주자
블록체인	거래 장부 기술	분산 원장, 누구나 확인 가능한 공개 기록
알트코인	비트코인 외 모든 코인	'Alternative coin'의 줄임말
NFT	대체 불가능 토큰	디지털 그림·음원 등을 소유할 수 있는 인증
지갑Wallet	코인을 보관하는 곳	핫 월렛(온라인), 콜드 월렛(오프라인) 등 존재
디파이DeFi	탈중앙 금융	은행 없이 이자 받고 대출하는 시스템
스마트 계약	자동 계약 시스템	조건 충족 시 자동 실행됨(예: 자동판매기)
FOMO	기회를 놓칠까 불안한 심리	"지금 안 사면 나만 손해일 것 같아!"
펌핑방	가격 띄우는 사기방	단체로 가격을 올렸다가 빠지는 유혹 주의!

국내외 주요 거래소 비교

거래소	본사	주요 특징	수수료	장점	단점
업비트	한국	국내 1위, 원화 거래	0.05%~	UI 쉬움, 보안 우수	알트코인 수 제한
빗썸	한국	초기 대형 거래소	0.05%	원화 입출금 빠름	보안 논란 이력
바이낸스	글로벌	세계 최대 거래소	0.1% 이하	알트코인 다양, 유동성 높음	원화 입금 불가
코인베이스	미국	미국 1위, 상장사	0.5% 내외	신뢰성, 간편함	비싼 수수료
크라켄	미국	안정적, 장기 투자자 선호	0.16%	법인 사용 가능	UI 낯섦

코인 투자 10가지 전략

1. 남이 산다고 따라 사지 말자.

2. 투자 전, 그 코인의 '용도'를 먼저 이해하자.

3. 차트는 믿되 맹신하지 말자.

4. 절대 빚내서 투자하지 말자.

5. '한 방'보다 '분산'이 오래 간다.

6. 내 감정을 통제하지 못하면 투자는 어렵다.

7. 사기와 펌핑, 조심 또 조심하자.

8. 세금도 투자자의 책임이다.

9. 올라갈 때 욕심내지 말고, 내려갈 때 패닉팔지 말자.

10. 장기적으로 '내 기준'을 세우자.

실전 투자 기록장-나만의 코인 노트 만들기

날짜	투자한 코인	매수가	매도가	수익률	매수 이유	느낀 점
2025.07.01	SOL	32,000원	38,000원	+18.75%	알트코인 상승 흐름, 뉴스 확인	다음엔 분할매도 해보기

- ✓ [　] 오늘의 뉴스 체크
- ✓ [　] 매수/매도 기준 지켰는지 체크
- ✓ [　] 감정적으로 판단하지 않았는가?

어서 와,
코인은 처음이지?

ⓒ 김재광

초판 1쇄 2025년 9월 2일 찍음
초판 1쇄 2025년 9월 23일 펴냄

지은이 | 김재광
펴낸이 | 이태준
인쇄·제본 | 지경사문화

펴낸곳 | 북카라반
출판등록 | 제17-332호 2002년 10월 18일
주소 | (04031) 서울시 마포구 동교로 22길 29 성지빌딩 3층
전화 | 02-486-0385
팩스 | 02-474-1413
ISBN 979-11-6005-157-5 03320
값 16,800원

북카라반은 도서출판 문화유람의 브랜드입니다.
저작물의 내용을 쓰고자 할 때는 저작자와 북카라반의 허락을 받아야 합니다.
파손된 책은 바꾸어 드립니다.